SEXO PARA ADOLESCENTES

LIBSA

Mi agradecimiento a los jóvenes Penélope, Laura, Sandra,
Ana, Christian, Vicente, Fernando, Víctor Adán
y Luis, que han contribuido con sus experiencias.

Conchita Madueño

© 2007, Editorial LIBSA
c/ San Rafael, 4
28108 Alcobendas (Madrid)
Tel.: (34) 91657 25 80
Fax: (34) 91657 25 83
e-mail: libsa@libsa.es
www.libsa.es

Textos: Conchita Madueño
Revisión de textos: Susana Pacheco Calvo
Ilustración: Jorge de Juan
Edición: L. Maeso

ISBN: 978-84-662-0658-7

Contenido

Sobre este libro

S er adolescente no es fácil. Un torbellino de sensaciones internas contradictorias, bruscos cambios hormonales, un cuerpo en plena efervescencia y la gran inseguridad que todo ello conlleva hace de ti, del adolescente, un ser que se siente en crisis con el mundo y consigo mismo. Los padres y profesores pierden la paciencia en esta etapa y suelen entrar en conflicto con vosotros, y este hecho os provoca la impresión de que nadie os comprende, que también sufrís esta incontrolable situación… y mucho.

Para vosotros, chicos y chicas que comenzáis esta nueva etapa de vuestras vidas; para vuestros padres, que desean comunicarse con vosotros y ayudaros en esta difícil aunque extraordinaria experiencia, y para vuestros educadores, que buscan un material de apoyo serio y fiable, presentamos un completo manual, claro y directo, que se centra en los temas concretos que más os preocupan con sinceridad y didactismo, en un intento de recopilar y exponer la mayor información posible sobre la adolescencia y los distintos aspectos que la rodean, siempre dentro del marco del respeto, la tolerancia y la objetividad. De ninguna manera esta obra pretende convertirse en un manual de comportamiento ni en un sustituto de los padres, los educadores o los especialistas, a los que, sin duda alguna, corresponde la tarea de comunicarse con vosotros y orientaros en la apasionante aventura de vuestra adolescencia. Así, para la elaboración de este libro, Editorial LIBSA ha contado con las inestimables opiniones de expertos en psicología y sexología, los cuales han colaborado en su edición, y sin cuya aportación de conocimientos no hubiera sido posible la realización de este trabajo.

El libro está dividido en cuatro bloques esenciales: el cuerpo, la sexualidad, la salud y el amor, siempre dentro del marco especial de vuestra adolescencia. Además, a lo largo de todo el libro encontraréis recuadros donde se destacan testimonios reales de otros adolescentes, preguntas y respuestas más habituales y también mi-

tos, rumores y verdades sobre algún tema y, al final, un completo glosario con el significado de todas las palabras técnicas que puedan resultaros de difícil comprensión.

Se aborda de este modo en primer lugar la aceptación de vuestro propio cuerpo aprendiendo a quererlo y a cuidarlo, relativizando las cuestiones estéticas y enseñándoos que lo que llamamos atractivo físico tiene más que ver con las modas del momento que con el verdadero amor. Aun así, es comprensivo con los complejos habituales en la adolescencia y propone soluciones para sacar partido a la propia belleza, así como a luchar con los inconvenientes hormonales, como esos molestos granos.

Ofrece después un completo repaso al aparato genital masculino y femenino desde el punto de vista fisiológico para ayudaros a asumir el desarrollo y el crecimiento, y que así podáis valorar positivamente situaciones que al principio os suelen parecer incómodas o vergonzosas, como la menstruación o las erecciones y que son en cambio el comienzo de una gran aventura vital y personal. Observa todas las opciones de vivir la sexualidad, siempre desde una perspectiva no discriminatoria y libre, pero sin olvidar jamás que la seguridad es lo más importante, por lo que se exponen los métodos anticonceptivos existentes y cuáles son las enfermedades de transmisión sexual más habituales, con los correspondientes consejos para evitar el contagio. Por supuesto, no se trata de animar de manera descontrolada a todos los adolescentes a tener relaciones sexuales, sino de ofrecer la mayor información posible para evitar los complejos, problemas y riesgos que podrían derivarse de ellas cuando estéis preparados para tenerlas. Porque este libro también enfoca las prisas con las que muchas veces os presiona la sociedad, el entorno o los amigos a la hora de consumar una relación y defiende con idéntica libertad la postura de quien desea esperar a sentirse maduro o a encontrar a la persona de sus sueños. Lo importante es que cuando llegue el momento no estéis desinformados, no tengáis miedo y hayáis adquirido la responsabilidad que se espera de un adulto.

Con respecto a la salud os va a mostrar un modo de vida deportivo, con una dieta equilibrada que potencie un físico armonioso y que os aleje de trastornos alimenticios como la obesidad o la anorexia y, por supuesto, os informa del peligro de consumo de drogas, explicándoos sus efectos perniciosos a corto y largo plazo.

Por último, se habla del amor como sentimiento, evitando los mitos y despejando errores para ver la realidad: ahora tenéis una puerta abierta para empezar a experimentar el enamoramiento y disfrutar de un flechazo, vuestra primera cita o el coqueteo de esa persona que os parece tan especial; es el maravilloso camino de crecer junto a alguien por dentro y por fuera.

EL CUERPO Y LA SEXUALIDAD

EL CUERPO Y LA SEXUALIDAD

Dejando atrás la niñez

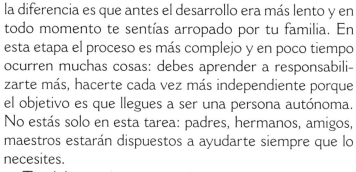

¿Qué te parece tu cuerpo? Ponte frente a un espejo y obsérvalo. Ese reflejo que ves, eres tú. Es la parte visible de tu persona y puesto que siempre irá contigo es muy importante que aprendas a conocerlo y a amarlo cuanto antes, a respetarlo y a hacerlo respetar.

Si de la noche a la mañana tu cuerpo parece campear por su cuenta, y empiezas a sentirte incómodo o incómoda dentro de él, no te preocupes demasiado: estás en plena pubertad. Eso quiere decir que vas a ser espectador, en primera línea, de las magníficas transformaciones que van a producirse, y que harán de ti un ser único y especial.

Estos cambios van a ser muy profundos y abarcarán a toda tu persona: cuerpo y mente. Tendrás que encontrar tu sitio en ese nuevo espacio físico que ocupas (¡ya no cabes como antes en las rodillas de papá o mamá!), pero también habrás de resituar un nuevo sistema de pensamientos. Esto suena más complicado, ¿verdad? Tienes razón, pero no temas. Crecer por dentro es lo que llevas haciendo desde que viniste al mundo, la diferencia es que antes el desarrollo era más lento y en todo momento te sentías arropado por tu familia. En esta etapa el proceso es más complejo y en poco tiempo ocurren muchas cosas: debes aprender a responsabilizarte más, hacerte cada vez más independiente porque el objetivo es que llegues a ser una persona autónoma. No estás solo en esta tarea: padres, hermanos, amigos, maestros estarán dispuestos a ayudarte siempre que lo necesites.

Tu adolescencia se convertirá en una experiencia irrepetible: disfrútala con mucha calma y saboréala extrayendo de ella lo mejor.

Creciendo por fuera

La pubertad, que según el diccionario es la primera fase del período de transición entre la infancia y la edad adulta, se caracteriza por lo que se llama un «crecimiento acelerado» de la estatura, debido al efecto de las hormonas sexuales sobre el esqueleto. En las chi-

LA ESTATURA

cas suele ocurrir a partir de los diez años y medio, y en los chicos desde los doce y medio. Se ganan entre seis y doce centímetros por año, lo que explica los dolores de huesos que a veces sufrís los adolescentes. Hasta los catorce años las chicas sois más altas, pero luego los chicos las adelantáis.

Además de crecer «hacia arriba», se va creciendo también «a lo ancho». Esto suele ser motivo de gran preocupación para muchos jóvenes porque temen no llegar a tener un físico normal.

La época y el lugar en los que te haya tocado vivir son los que van a determinar si estás dentro de los límites normales, es decir, aquellos entre los que se encuentra la mayoría de la población a la que perteneces.

Tu estatura va a depender principalmente de tu herencia genética, aunque también van a influir una buena alimentación, el ejercicio regular e incluso un seguimiento médico en los casos especiales en que sea necesario. Si te preocupa mucho el no haber alcanzado la talla que corresponde a tu edad, no dudes en consultar a un especialista.

No olvides, sin embargo, que cada cual tiene su ritmo particular también en esto del crecimiento, y que, aunque te veas «canijo» a los quince años, comparado con otros de tu grupo, puedes experimentar de repente un acelerón y convertirte en el más alto de todos ellos. Es probable que tu estatura o tu peso no corresponda exactamente a lo que dicen los manuales y que por ello seas motivo de burlas o desprecio por parte de otros jóvenes.

Vergüenza, timidez, complejos, incluso un estado de ánimo depresivo son sentimientos naturales, en particular en estos momentos en los que necesitas mucho el apoyo por parte de los demás, especialmente de los amigos. Si observas un poco, verás que les pasa a muchos de ellos también, incluso a los que parecen estar «por encima del bien y del mal».

Creciendo de otra manera

También atraviesas un momento de grandes cambios psicológicos: necesitas sentirte valorado, admirado y estar a la altura de tu grupo. Por otra parte, la desbordada importancia que se da a la imagen corporal en nuestra sociedad hace que ésta se convierta en una obsesión para muchos jóvenes.

testimonios

Los fines de semana prefiero quedarme en casa porque las chicas no me hacen caso. Mido 1,60 y mis amigos son todos mucho más altos que yo. Nunca ligo. ¿Qué puedo hacer?

Manuel, 16 años

Odio cuando me dicen los chicos de mi clase: «¡A ver si engordas un poco, espagueti!». Y no se dan cuenta de que qué más quisiera yo.

Eva, 17 años

¡Qué depresión! No encuentro ropa para la boda de mi hermano. Me voy a meter en la cama en cuanto llegue a casa.

Susana, 16 años

Soy la más alta de todas mis amigas. Me da mucha vergüenza porque llamo mucho la atención (mido 1,75) y además no puedo ponerme botas con tacón. ¡Qué asco!

Irene, 14 años

Una chica o chico esbelto y delgado «liga» más y como consecuencia tiene más prestigio social. Sin embargo, es muy probable que su éxito se deba a la suma de muchas otras características.

Fíjate en la variedad de cuerpos que hay a tu alrededor. La mayoría no son «cuerpos diez», ¿verdad?

Recuerda también que hay muchas maneras de «disimular» nuestros aspectos menos atractivos: ropa con diseños que estilizan la figura o colores claros que te hacen más corpulento si estás delgado; si eres de pequeña estatura, zapatos con tacón o plataforma (¡para ellas!); peinados que realcen la belleza de tu rostro y otros complementos que, sabiamente elegidos, te serán de gran ayuda.

Pero aún hay más: desarrollar una personalidad afable produce resultados sorprendentes. Un chico o una chica con gran sentido del humor, muestras de tolerancia y abundante generosidad se convierte en alguien irresistible. ¡Verás qué exitazo!

Según otros autores las formas corporales pueden estar relacionadas estrechamente con el temperamento y la personalidad: la persona alta y delgada necesita mayor actividad mental y manifiesta tendencia a la intimidad y soledad; quien tiene formas «llenitas» gusta de la comodidad física y del buen comer, duerme profundamente y tiene un carácter bondadoso; finalmente, el atlético prefiere la aventura, la acción y el poder. Generalmente no existen los tipos puros y somos una combinación única de los tres, lo que nos hace seres irrepetibles.

Tipología de Kretschmer

Desde la época de los griegos se ha buscado cómo clasificar a las personas según sus características físicas o psicológicas. Una de ellas fue la del psiquiatra alemán Kretschmer; encontró cuatro tipos, de los que nos quedamos con los tres más representativos:

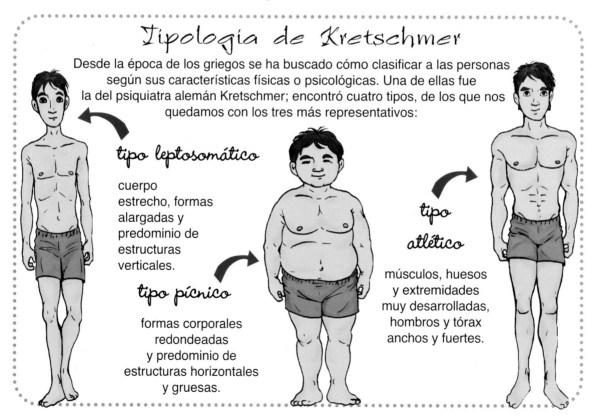

tipo leptosomático

cuerpo estrecho, formas alargadas y predominio de estructuras verticales.

tipo pícnico

formas corporales redondeadas y predominio de estructuras horizontales y gruesas.

tipo atlético

músculos, huesos y extremidades muy desarrolladas, hombros y tórax anchos y fuertes.

Sin duda que sabes reconocer en los personajes de Cervantes, don Quijote y Sancho Panza, al leptosomático y al pícnico de Kretschmer. Más allá del aspecto físico, al que ya hemos hecho alusión, pensemos en la personalidad de los protagonistas de esta obra literaria.

De don Quijote sabemos que era refinado, reflexivo, disciplinado, melancólico, espiritual e idealista; Sancho, sin embargo, era rústico, simple, ignorante e ingenuo aunque ávido de cosas materiales. Estos dos hombres, al perseguir con empeño sus sueños respectivos –don Quijote el de llegar a ser un caballero, y Sancho el de llegar a disfrutar de riquezas y gloria–, se van transformando y evolucionando. Cuando Sancho va a servir como gobernador en la Ínsula Barataria dice una de sus frases más sabias: «Vístanme como quisieren. Que de cualquier manera que vaya vestido, seré Sancho Panza». Con ello hace alarde de una gran sabiduría popular –que va adquiriendo como fruto de sus experiencias al lado de su amo–, subrayando que la apariencia no puede transformar lo que somos internamente.

Sin embargo, si aprendemos de nuestras experiencias –tanto de las positivas como de las negativas– creceremos. Y ese crecimiento sí puede reflejarse en nuestro aspecto externo, convirtiéndonos en personas maduras y atractivas.

Cambios de humor

NUEVAS EMOCIONES

Acomodarte al espacio físico requiere muchos reajustes de tu parte, pero es posible que lo que más te preocupe sea lo que está pasando dentro de ti y que no sabes explicar. De repente, empiezas a sentir que no se te comprende, sobre todo tus padres, causándote este nuevo sentimiento gran perplejidad y malestar porque tal vez lo interpretes como que te estás volviendo «una persona rara». O tienes repentinos cambios de humor sin saber el origen: desde la euforia total, pasando por la apatía y la desgana, a la nostalgia y tristeza más profundas. Esto te ocurre porque a la madurez física viene a sumarse la madurez emocional y empiezas a relacionarte de otro modo con la gente que te rodea. Tus necesidades ahora son otras: necesitas que te den libertad, pero no demasiada; necesitas aún que te guíen, pero sin asfixiarte.

Sentirte incomprendido forma parte de los cambios internos de los que hablábamos antes. Por un lado, eres ya lo suficientemente mayor como para tomar decisiones por ti mismo, pero aún te cuesta dejar la niñez. Esto produce mucha tensión con tus padres, quienes pueden tener dificultades, a su vez, para hacerse a la idea de que ya no les necesitas como antes. En realidad, lo que está ocurriendo es que te vas haciendo indepen-

testimonios

—Mis padres se enfadan conmigo cuando llego a casa después de las 12 de la noche. ¡Qué pesados! Me gustaría que me dejaran tranquilo.

—A mí me regañan cuando me voy sin haber hecho mi cama. Cuando viva sola, no pienso hacérmela nunca.

Chema y Ana, 13 y 14 años

Reconozco que me gusta que me llamen al móvil para saber dónde estoy, aunque me da vergüenza por los amigos. ¡Sé que me quieren!

Miguel, 16 años

diente, lo cual es muy saludable para todos. Para ellos no es fácil tampoco adaptarse al nuevo espacio físico y mental que ocupas porque por muchos años que cumplas seguirás siendo su hijo.

Otras emociones pueden deberse a los importantes cambios hormonales. La timidez, por ejemplo, nace de la poca confianza que tenemos en nuestro aspecto: un rostro con acné, brazos y piernas más largos de lo habitual, pelo grasiento y un cuerpo voluminoso te restan seguridad y sientes que a nadie le gustas y te miran como a un patito feo.

La búsqueda de la identidad

¿Te has preguntado alguna vez quién eres exactamente? Es normal que te inquiete conocer tu identidad, que te cuestiones para qué has venido al mundo, cuál es el sentido de la vida o que te preocupe tu futuro. Estás a caballo entre el niño que fuiste y el adulto que vas a ser. Ese paso no suele ser fácil, para muchos jóvenes incluso es doloroso porque en nuestra sociedad no está muy definida la transición entre un período y otro. No era así para los adolescentes en otras civilizaciones que tenían que cumplir con los llamados «ritos de iniciación».

Fase de separación
El joven sale de su estadio anterior

Fase de latencia
El joven está entre dos estadios

Fase de agregación
El joven adquiere un nuevo estadio

¿Qué son los ritos de iniciación?

El objetivo de estos ritos —según algunos antropólogos— consistía en hacer pasar al joven de una condición social a otra, por lo que eran llamados también «ritos de paso». Se consideraba que comprendían tres fases: de separación, de latencia y de agregación.

Cada estadio simbolizaba las distintas etapas mentales por las que el niño debía pasar para llegar a adulto. Para ello la comunidad pedía al joven que demostrara su fuerza, habilidad o capacidad de sacrificio en diversas ceremonias, muchas de las cuales se siguen practicando en algunos pueblos primitivos que han sobrevivido. Es el caso de la práctica de la circuncisión o de la mutilación genital femenina, como veremos más adelante.

Ritos de iniciación africanos

Se trataba de pruebas físicas impuestas a los adolescentes en ciertas civilizaciones primitivas para que demostrasen el paso de la infancia a la madurez.

Los chicos tenían que pasar tres pruebas:

• cazar una fiera (aprender a controlar su instintividad);

• saltar una distancia que superase su estatura (necesidad de superación);

• hacer algo útil por la comunidad.

Pueblo navajo

Al entrar en la pubertad, y tras los ritos relacionados con la menstruación, las muchachas reciben un «masaje ritual», por todo el cuerpo, a cargo de mujeres u hombres de la comunidad excepto su padre. El objetivo es que la forme para alcanzar una feminidad más graciosa y madura.

Superados estos ritos, el chico o la chica adquieren una nueva identidad aprobada por toda la comunidad.

No en todas las culturas el tránsito es tan corto. En la nuestra, este proceso se dilata mucho en el tiempo, ya que el joven tiene que pasar por las etapas de formación, búsqueda de empleo y búsqueda de vivienda. Vencidas estas «pruebas», la sociedad le considerará un adulto.

Mientras llega ese momento, hay muchas cosas que puedes hacer: valorar las cosas que tienes, desarrollar pensamientos positivos ante la vida, aprender a ser sincero, escuchar a tus amigos, relacionarte mejor con los adultos, estrechar los lazos con tus padres siendo más comunicativo y muchas más cosas que tú mismo irás descubriendo.

Todo esto te fortalecerá para superar y controlar tus miedos, tus angustias y rabias ante esta vida que no comprendes bien.

LOS CHICOS, POR DENTRO

El aparato genital masculino

Tus órganos sexuales también sufrirán modificaciones: aumentarán de tamaño, cambiarán de color, se cubrirán de vello y los sentirás «raros».

Ya no te pasarán inadvertidos y te preguntarás cómo son tanto por fuera como por dentro. Esas palabras que oías antes, como «verga», «testosterona», «próstata» y otras muchas, ahora puede que te inquieten y que sientas curiosidad por ellas.

¿De qué está hecho el semen?

¿Sale la orina por el mismo conducto que el semen?

Dice mi abuelo que tiene la próstata como un chaval. ¿Qué quiere decir con eso?

Hay muchas preguntas como estas que puede que te estés haciendo. Conocer tu complejo aparato genital, que se compone de una parte interna y otra externa, te dará respuestas y te familiarizará con lo más íntimo de ti, para que puedas disfrutar de tu sexualidad más plenamente.

Pasa la página y descubre mucho más de lo que ya conoces. Cada parte tiene su porqué, la naturaleza nos hizo así con una finalidad concreta y el sistema reproductor es uno de los más completos. Como chico, no te habrás preocupado demasiado por tu aparato genital (por la parte de él que ves), salvo desde un punto de vista más bien estético: ¿Debe ser así? ¿Estoy… bien? ¿Cómo lo tienen los demás? Y otras preguntas parecidas que, con suerte, habrás sabido contestarte ya. Pero hay más. Adelante, empezaremos por los «secretos» más ocultos: los órganos internos.

Los órganos genitales internos

✓ testículos

Los testículos son las dos glándulas sexuales masculinas o gónadas que tiene el chico al exterior del bajo vientre. Están cubiertos por una bolsa llamada escroto. Generalmente, uno de los testículos es más alto que otro –el derecho–, tienen forma de huevo y el tamaño de una ciruela, aunque puede variar de una persona a otra. La piel que los recubre es lisa y fina. Se hallan fuera del cuerpo por una razón muy esencial: funcionan mejor a temperatura más baja que la corporal, de ahí la importancia de no llevar ropa ajustada, pues perjudicaría su funcionamiento. Su función es doble: reproductora y hormonal. Funciona como una fábrica que produce espermatozoides –las células principales del semen– por un lado, y por el otro, son glándulas de secreción interna, productoras de hormonas que facilitan la activación de las funciones sexuales masculinas, siendo la más importante la testosterona.

✓ epidídimos

Órgano cilíndrico que se extiende detrás del testículo. A él van a parar los conos

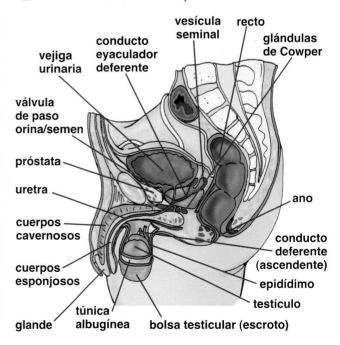

vesícula seminal, recto, glándulas de Cowper, conducto eyaculador, deferente, vejiga urinaria, válvula de paso orina/semen, próstata, uretra, cuerpos cavernosos, cuerpos esponjosos, glande, túnica albugínea, ano, conducto deferente (ascendente), epidídimo, testículo, bolsa testicular (escroto)

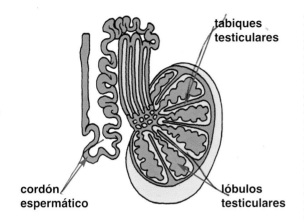

tabiques
testiculares

cordón
espermático

lóbulos
testiculares

eferentes que son una red de canalización seminal que existe dentro de los testículos. Se continúa en el conducto deferente.

✓ conducto deferente

Es un canal cilíndrico por el cual los espermatozoides que han madurado inician el ascenso hacia las vesículas seminales, donde se almacenan los espermatozoides maduros. El recorrido es como sigue: el conducto sube hacia la pelvis rodeando la vejiga y descendiendo de nuevo hasta alcanzar el conducto deferente del otro testículo, y de ahí hacia las vesículas seminales.

✓ vesículas seminales

En estos depósitos se quedan los espermatozoides maduros y su capacidad es la de una eyaculación. Fabrican un líquido viscoso, llamado líquido seminal, para nutrir y proteger a los espermatozoides. Cuando están llenos, se pueden vaciar de forma refleja e inconsciente, y provocar la llamada «polución nocturna». Su función es llevar el esperma desde el conducto deferente a la uretra.

✓ uretra

Es un conducto que atraviesa la próstata y el pene hasta su punta para facilitar la salida del semen o de la orina por el meato urinario.

✓ próstata

Es una glándula pequeña, con la forma y el tamaño de una castaña, situada entre la vejiga, la uretra y el recto. Tiene dos «válvulas»: una mantiene la cantidad de semen que se puede expulsar en cada eyaculación, y la otra, hace de especie de llave de paso dejando unas veces salir el semen y otras la orina, impidiendo que se mezclen. Produce un líquido que, mezclado con el semen, da lugar al líquido seminal que se vierte en la eyaculación. La función de este líquido parece ser que es la de conservar a los espermatozoides.

✓ glándulas de Cowper

Son dos pequeños órganos cuya función es la de segregar un líquido que se vierte en la uretra para favorecer la expulsión del semen cuando se produce la excitación sexual. Así, la uretra queda limpia y lubrificada, a la espera de la eyaculación.

✓ espermatozoides

Los espermatozoides son las células reproductoras masculinas y se producen millones de ellos en los testículos. A medida que van madurando, se desprenden de la grasa que les rodea y desarrollan una cola que les permite desplazarse más velozmente. Dentro de los órganos genitales femeninos no suelen durar más de tres días. Cuando alcanzan un óvulo, se unen a él para formar un nuevo ser. Los espermatozoides, más el líquido seminal y el líquido prostático, forman el semen.

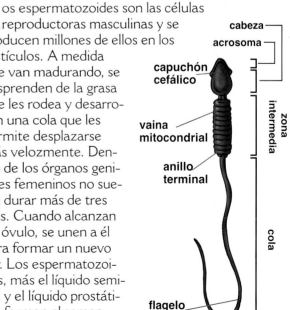

cabeza
acrosoma
capuchón
cefálico
vaina
mitocondrial
anillo
terminal
zona intermedia
cola
flagelo
ondulante

Los órganos genitales externos

✓ pene

El pene es un órgano muy complejo y sensible. Situado en la parte anterior de la pelvis, cuelga hacia abajo, por delante del escroto. Mide entre cinco y trece centímetros en estado flácido, y en erección aumenta de tamaño y grosor considerablemente: entre diez y veinte centímetros. Está formado por tres partes:

- El tronco es la parte más larga del pene, el surco del glande es el anillo de tejido entre el tronco y la cabeza, el glande es la cabeza o «capullo» y termina en el meato urinario, el frenillo es un trocito de piel que se halla bajo el glande. Sirve para sujetar el prepucio, es decir, la piel que cubre el glande si no hay circuncisión.
- El surco, el glande y el frenillo contiene cientos de terminaciones nerviosas y son las zonas más sensibles del pene.
- La piel que le recubre desde el prepucio es bastante flexible para acomodarse al tamaño del pene erecto.

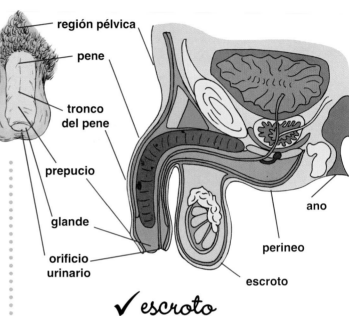

región pélvica
pene
tronco del pene
prepucio
glande
orificio urinario
ano
perineo
escroto

✓ escroto

Es un saco que cuelga del pene, que tiene dos compartimentos y que contiene los testículos o glándulas sexuales masculinas, siendo su función proteger estas glándulas. La piel del escroto es rugosa y gruesa, a la que se añade una capa muscular. En la pubertad se cubre de un poco de pelo.

Preguntas y respuestas

¿Sale la orina por el mismo conducto que el semen?

Semen y orina salen por la uretra, pero nunca a la vez, gracias a la próstata, que posee una válvula que controla el paso de ambos.

Mi pene tiene un color diferente al de mi padre. ¿Es normal?

No hay dos penes iguales, como tampoco hay narices o bocas iguales. Es lo normal.

Dice mi abuelo que tiene la próstata como un chaval, ¿qué quiere decir eso?

Quiere decir que la próstata está activa todavía y que la persona es, por tanto, sexualmente potente.

¿De qué está compuesto el semen?

El semen está compuesto por los espermatozoides, la porción seminal y la porción prostática. El ingrediente principal de este líquido viscoso es la sacarosa.

¿Cuántos espermatozoides se emite en una eyaculación?

Entre 200 y 600 millones que se desplazan a una velocidad de 2 a 4 mm por minuto.

¿Cuanto tiempo puede durar un espermatozoide dentro del cuerpo de la mujer?

El espermatozoide puede sobrevivir de uno a dos días dentro de la mujer, y entre 5 y 10 minutos fuera.

El aparato genital femenino

Los órganos sexuales de las chicas son muy «misteriosos» porque no se ven: casi en su totalidad se sitúan en el interior del vientre. Incluso los órganos externos quedan tapados por una especie de «cierre protector» formado por los llamados labios mayores.

Tanto chicos como chicas puede que tengáis gran curiosidad por saber cómo son «esas partes» de las que se suele hablar poco, y de las que, cuando se habla, es de forma ambigua, acompañada de risitas y como si no tuviera nada que ver con nosotros. Es muy importante conocer nuestro cuerpo: para comprendernos, comprender a los demás, respetarnos y hacernos respetar.

Los órganos genitales internos

✔ vagina

La vagina es un canal, de siete a doce centímetros, que va al útero. La parte final es la más sensible puesto que posee más terminaciones nerviosas que el resto. Tiene unas paredes con muchos pliegues que se expanden y se contraen para poder dar cabida a un futuro bebé; por lo tanto es muy elástica y se adapta perfectamente a penes grandes o pequeños. Nunca está seca, desprendiendo constantemente un flujo claro, blancuzco o amarillento según la fase del ciclo menstrual.

Durante la excitación sexual se produce una secreción que facilita la actividad sexual, sirve además para limpiar la vagina y evita las infecciones al mantener el ph equilibrado.

✔ cuello uterino

Es la parte inferior del útero. Se halla en el fondo de la vagina y es por donde sale la sangre cuando fluye la regla. En el momento del parto esta zona se dilata para dar paso al bebé. Algunas mujeres se excitan sexualmente con el roce del cuello uterino, sin embargo, para otras, puede ser doloroso si el pene lo alcanza.

Diferencia entre razas

Al parecer, y según ciertos estudios, las mujeres orientales tienen las vaginas más pequeñas, mientras que las mujeres negras las más grandes.
En cuanto al clítoris, el de las mujeres europeas parece tener una media de tres centímetros y el de las mujeres africanas de cinco.

fondo del útero

trompa de Falopio

útero

orificio uterino externo

fondo del saco vaginal

monte de Venus

pliegues vaginales

labios mayores

conducto vaginal

labios menores

clítoris

vestíbulo vaginal

himen

ano

glúteo

✓ útero o matriz

La matriz tiene el tamaño y la forma de una pera invertida. Cuando la mujer se queda embarazada sus paredes, que son gruesas y muy elásticas, se agrandan para ir acogiendo al feto que va creciendo. Éste se nutre por medio del endometrio, que es el revestimiento del útero. Cada mes, si no te has quedado embarazada, el endometrio se expulsa con salida de sangre: es la menstruación.

✓ ovarios

Los ovarios tienen el tamaño y la forma de una almendra, y en ellos se encuentran todos los óvulos del cuerpo de la mujer. Están almacenados en unas bolsas que se llaman folículos y todas las chicas nacen con cientos de miles de ellos. En la pubertad, la glándula pituitaria produce unas hormonas que viajan por la corriente sanguínea hasta los ovarios y hacen que cada mes los folículos liberen un óvulo maduro, aunque nacemos con cientos de miles. Esto es lo que llamamos ovulación.

✓ trompas de Falopio

Son dos conductos que van desde la parte superior del útero hasta los ovarios. Miden unos diez centímetros y tienen una especie de flecos en los extremos que rodean los ovarios sin estar pegados a ellos. Tras la ovulación, las trompas de Falopio son las encargadas de conducir al óvulo maduro desde el ovario al útero.

> El nombre trompas de Falopio viene de Gabriel Falopio, cirujano italiano del siglo XVI, quien observó por vez primera estos conductos.

Los órganos genitales externos

✓ vulva

La vulva abarca todos tus genitales externos. Es distinta en cada chica y si quieres averiguar cómo es la tuya, puedes observarla con un espejo entre las piernas. No debe darte vergüenza porque no es nada malo querer conocer tu cuerpo, ni tampoco asco porque forma parte de ti, como lo forman tus manos.

✓ pubis

Es esa zona blandita y un poco saliente, debido al tejido graso que la conforma, que tienes sobre el hueso púbico, por eso se

Ellos y ellas, por fuera

femeninos	masculinos
ano	ano
boca de la vagina	escroto
clítoris	pene:
himen	• glande
labios mayores	• frenillo
labios menores	• surco
perineo	• tronco
pubis	
uretra	
vulva	

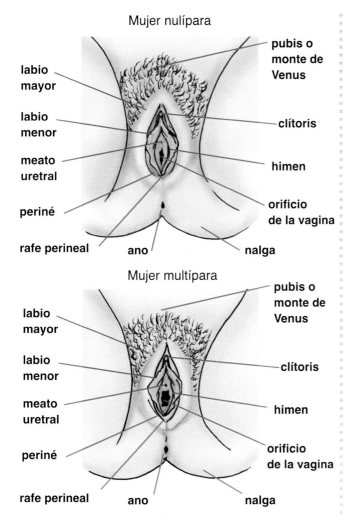

Mujer nulípara

- labio mayor
- labio menor
- meato uretral
- periné
- rafe perineal
- pubis o monte de Venus
- clítoris
- himen
- orificio de la vagina
- ano
- nalga

Mujer multípara

- labio mayor
- labio menor
- meato uretral
- periné
- rafe perineal
- pubis o monte de Venus
- clítoris
- himen
- orificio de la vagina
- ano
- nalga

le llama también monte púbico o monte de Venus, diosa romana del amor. En la pubertad empieza a cubrirse de vello.

✔ uretra

La uretra está situada entre el clítoris y la abertura vaginal, y es el pequeño conducto por el que sale la orina de la vejiga al exterior. No es, pues, un órgano sexual, sino urinario.

✔ labios mayores

Los labios mayores son como una especie de compuerta que protege los genitales.

Los hay muy diferentes en forma, tamaño, color y textura, como los labios menores. Durante la relación sexual se llenan de sangre y se hinchan como el pene de los chicos.

✔ clítoris

Al parecer, es el único órgano dedicado sólo al placer sexual. Tiene tronco y glande como el pene y, como él, posee muchas terminaciones nerviosas. Durante la excitación sexual se hincha y experimenta una erección. Muchas mujeres no podrían alcanzar el orgasmo sin la estimulación directa del clítoris.

✔ boca de la vagina

Es la apertura externa de la vagina, que suele estar cerrada por el himen. A cada lado de este orificio está situada la glándula de Bartholin, cuyo propósito es lubricar la vagina y prepararla para la penetración. Por esta apertura se expulsa también la regla y el bebé en el parto.

✔ labios menores

Los labios menores están rodeados por los labios mayores y unidos por arriba, sobre el clítoris. Su color depende del color de tu piel: rosa pálido, rojo o marrón claro u oscuro, y también varía su longitud en cada chica. A diferencia de los labios mayores, no están cubiertos de vello. Cuando estás excitada cambian de color, se hinchan, y son muy sensibles a las caricias suaves y delicadas durante el encuentro sexual.

✓ himen

El himen es una membrana de piel de grosor, tamaño y forma variables, con un orificio central que puede no existir o ser muy pequeño. Puede también romperse con las actividades cotidianas como montar en bicicleta, correr o caerse, y durante la penetración, aunque ésta puede ocurrir sin que se rompa el himen.

✓ periné

Se trata del conjunto de músculos, llamado músculo pubococcígeo, que se si-túan alrededor de la vagina y entre ésta y el ano. Soportan todos los órganos sexuales y pélvicos, y a veces pueden excitarse sexualmente porque también son sensibles al contacto.

✓ ano

El ano está situado en el trasero, detrás de la vulva. Es el orificio por donde se expulsan las heces del cuerpo y por lo tanto tampoco es un órgano sexual. Sin embargo, para algunos hombres y mujeres es una zona excitante, ya que posee muchas terminaciones nerviosas, aunque para otros puede ser desagradable su contacto directo.

¿Qué es la mutilación genital femenina?

Tal vez hayas oído hablar de una práctica o intervención llamada «mutilación genital femenina» o «circuncisión femenina» y te has preguntado qué es exactamente. Se trata de la ablación o extirpación parcial o total de los órganos genitales externos femeninos, especialmente del clítoris. Las candidatas suelen ser niñas de pecho, niñas de entre cuatro y diez años, y mujeres jóvenes, dependiendo de los lugares.

Generalmente es una partera o una de las ancianas de la aldea quien se encarga de llevar a cabo la intervención. Las condiciones de higiene suelen ser muy deficientes y los medios absolutamente rudimentarios: un cuchillo, un trozo de cristal, una tapa de una lata o una piedra afilada, es decir, cualquier objeto cortante. Las jóvenes no son anestesiadas y los «instrumentos» no se esterilizan.

la ablación

La **circuncisión sunna** es en la que se escinde el prepucio clitorial y la punta del clítoris.

La **escisión del clítoris** supone la extirpación del clítoris y parte o la totalidad de los labios menores.

La **infibulación o circuncisión faraónica** es en la que se extirpan el clítoris, los labios menores y los mayores. Después se suturan –o cosen– los costados de la vagina, en carne viva, y se deja un pequeño orificio para la orina y el flujo menstrual.

¿En qué países se practica?

Se practica en unos cuarenta países:

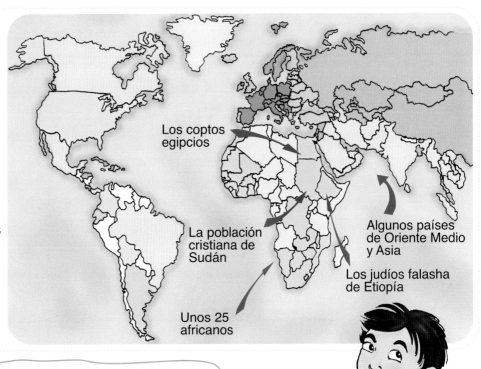

Los coptos egipcios

La población cristiana de Sudán

Unos 25 africanos

Algunos países de Oriente Medio y Asia

Los judíos falasha de Etiopía

Razones

✓ Se suelen argumentar razones muy diversas. Sobre todo **de tipo religioso,** como la que defiende que la fe islámica así lo exige; pero algunos líderes musulmanes lo niegan y no hay acuerdo.

✓ También hay **razones sociales**: es una forma de asegurar la castidad de la mujer, ésta se hace más deseable para el hombre y se preserva una tradición ancestral.

✓ Entre las **razones psicológicas** que se dan está la que postula que de esta manera las niñas y las mujeres jóvenes aprenden a ser más sumisas y a manifestar buen juicio, al «perder» los centros de placer del apetito o instinto sexual.

✓ También se aducen **razones espirituales**: marcar el rito de paso a mujer y diferenciar ambos sexos.

✓ Las **razones médicas** dicen garantizar protección para el bebé y el esposo, evitar que el clítoris crezca anormalmente, disminuir secreciones vaginales indeseables y aumentar la fertilidad en la mujer.

✓ Finalmente, desde el punto de vista de la **selección natural-social** puede que esta práctica tenga una finalidad de selección de las más fuertes del grupo, ya que las más débiles podrían sucumbir a las infecciones.

Consecuencias

Teniendo en cuenta el modo en que se llevan a cabo estas intervenciones, sin ningún tipo de cuidados, las **infecciones** son frecuentes. A esto hay que añadir que es una intervención muy dolorosa que deja una fuerte **impresión psicológica**. En algunos casos, la abundante pérdida de sangre ha causado la muerte de alguna joven.

En general, las mujeres manifiestan **problemas menstruales**, siempre **frigidez** y en ocasiones **esterilidad**. Los tejidos cercanos a los genitales suelen quedar dañados y algunas jóvenes desarrollan **tumores** benignos, pero no por ello menos dolorosos, en los nervios de la zona clitoridiana.

EL DESARROLLO SEXUAL

La relación cerebro-hormonas

Ya conocéis mejor vuestros órganos sexuales, tanto por fuera como por dentro. Pero, ¿quién ha dado la orden a vuestros cuerpos para que estas transformaciones tengan lugar de manera tan radical?

La pubertad comienza en la parte del cerebro denominada hipotálamo. Cuando está suficientemente desarrollado, el hipotálamo envía altos niveles de hormonas a otra parte del cerebro, llamada glándula pituitaria. Las hormonas segregadas por el hipotálamo –hormonas estimuladoras o disparadoras– hacen que la glándula pituitaria libere niveles más altos de otras dos hormonas, la foliculoestimulante (FSH) y la luteinizante (LH). Gracias a estas dos nuevas hormonas, los óvulos que se encuentran en los ovarios femeninos comienzan a desarrollarse y a producir hormonas sexuales femeninas (progesterona y estrógenos), mientras que los testículos masculinos producen esperma y testosterona.

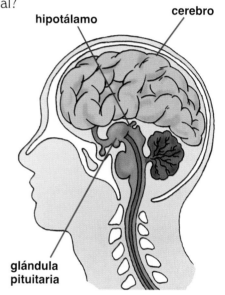

hipotálamo

cerebro

glándula
pituitaria

Entre los doce y los dieciocho años se van produciendo los llamados caracteres primarios y caracteres secundarios. Los primarios son todos aquellos cambios que tienen que ver con los órganos genitales, mientras que los secundarios tienen lugar en otras zonas del cuerpo y algunos de ellos marcan esas diferencias sexuales que nos atraen del otro sexo.

Algunos cambios te harán sentirte bien, si vas creciendo y desarrollándote con cierto equilibrio, y provocan que la gente diga lo guapo y alto que estás. Otros puede que te hagan sentirte «mal en tu piel» porque sientes que vas creciendo como a trompicones, y te salen esos «gallos» en los momentos más inoportunos, o si eres una chica, te sonrojas o te da la risa loca, y te pones nerviosa y no sabes muy bien por qué. Y no hablemos de los fastidiosos granitos: ¡cuando habías conseguido que desaparecieran unos, empiezan a salirte otros!

Afortunadamente tienes a tus amigos para compartir estos avatares de la adolescencia. Mucha paciencia, buen humor y… ¡adelante!

¿Qué les pasa a los chicos?

La nuez
Es la prominencia que forma el cartílago en la parte anterior del cuello del varón adulto.

21 años

14 años

7 años

Cuando los testículos reciben la orden de producir testosterona, el cuerpo está listo para iniciar los cambios de forma acelerada y espectacular. Algunos chicos son tardíos en su desarrollo –tienen ya catorce años y se muestran impacientes porque es muy importante para ellos ser como los demás. Generalmente esto no es ningún trastorno importante, ya que es muy probable que sus progenitores hayan madurado también lentamente.

Los testículos
Producen entre 100 y 300 millones de espermatozoides por día a partir de la pubertad.

Los más precoces inician su madurez sexual antes de los diez años, por lo que se ven envueltos, a veces, en situaciones de presión sexual que no les corresponde por la edad. Esto puede causar en ellos estados de ansiedad e inseguridad que conviene no pasar por alto y consultar con el psicólogo para recibir ayuda temprana.

Lo más característico de la pubertad –del latín «pubes», pelo– es el crecimiento del vello púbico primero, luego el de las axilas, y después el del resto del cuerpo. Le siguen el crecimiento de los testículos, del pene y de otras glándulas como la próstata y las vesículas seminales. A partir de entonces, los jó-

lo que les pasa... ... a ellos

Nace el primer vello en torno a los labios, sobre la barbilla y hacia las patillas.

Se ve crecer la nuez.

Los hombros y el torso aumentan en musculatura y se ensanchan.

El pene se va alargando, ensanchando y oscureciéndose, al igual que el escroto.

Figura estrecha y larga, a veces desproporcionadamente, hasta encontrar su personal equilibrio. Se alargan y endurecen los huesos, especialmente de los brazos y las piernas. Se alargan los músculos en consonancia con los huesos. Se dan «estirones»: un crecimiento general muy rápido.

Brotes de acné que suelen desaparecer con la edad.

La voz cambia, haciéndose más grave, aunque de vez en cuando se escapa «un gallo».

Crece pelo en las axilas.

La aureola, que rodea los pezones, crece y se oscurece.

Se estrechan las caderas.

Aparece el vello púbico y se va extendiendo por vientre y piernas.

Por dentro, la próstata y las vesículas seminales alcanzan su volumen definitivo. Los testículos crecen y producen testosterona y espermatozoides. Sucede la primera eyaculación.

Los gallos
Son sonidos agudos que se producen cuando los músculos de la laringe pierden momentáneamente el control.

venes crecen de forma más acelerada que las chicas —unos ocho-nueve centímetros por año— hasta que finaliza la pubertad.

Todos estos cambios pueden ser vividos con extrañeza y preocupación, en particular porque los chicos tienen más dificultad que las chicas para comunicarse y expresar sus sentimientos.

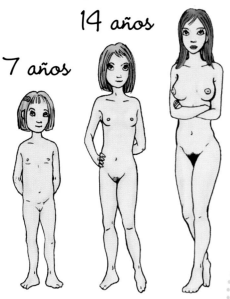

7 años
14 años
21 años

¿Qué les pasa a las chicas?

En este caso la orden del cerebro va dirigida a los ovarios, los cuales inmediatamente, se disponen a producir las hormonas llamadas estrógenos y progesteronas que ayudarán a que los óvulos maduren. A partir de entonces, todos los meses los ovarios liberarán un solo óvulo maduro durante el proceso de ovulación dando lugar a la regla si la mujer no está embarazada.

Estos cambios internos van acompañados de crecimiento de vello púbico y de los pechos, así como

de un aumento de la grasa corporal. La piel se hidrata y se vuelve más suave debido a los cambios hormonales, excepto en zonas como el rostro, donde aparece el acné, pecho y espalda.

En general, las chicas hablan bastante de sus cambios, con sus amigas, con sus parientes femeninos o sus propias madres, lo que facilita la pronta comprensión y aceptación de que las transformaciones son «algo natural».

Puede que empieces a sentir, si eres chica, que te atraen esos hombros anchos, esos pómulos y barbilla marcada. ¿Y qué me dices de la voz profunda y de los pelillos que empiezan a cubrir su rostro?

lo que les pasa... ... a ellas

Se configura la forma definitiva del cabello en la nuca y en la frente.

El pecho y las glándulas mamarias empiezan a crecer.

La zona pélvica se ensancha, como las caderas, para adecuarse a la maternidad. Se alarga el talle y se modela, marcándose la cintura y las caderas. Se forman depósitos de grasa que redondean las formas en hombros, caderas, nalgas y vientre.

Aparece la primera menstruación.

Los brazos y las piernas se hacen más largos.

Sale acné, aunque no suele afectar tanto como a los chicos.

Desaparece el vello fino de brazos y espalda. Crece en las axilas.

Se desarrollan los ovarios, las trompas y el útero. Se forman folículos que desprenderán óvulos.

Nace y crece el vello púbico. El monte de Venus se hace prominente.

Se desarrollan los labios mayores, más carnosos y oscuros. Se perfilan los labios menores y se tiñen de color. Aumenta el tamaño del clítoris y su capacidad eréctil. La zona vaginal se hace más húmeda y rosada.

Si eres chico, serán esas curvas, esas redondeces femeninas lo que te hagan seguirlas con la mirada, aunque no te pasarán desapercibidos ni su tono de voz ni sus andares.

Todo esto no ocurre porque sí. Hay causas puramente físicas y químicas, que tienen que ver con el despertar de las hormonas sexuales, causas culturales que permanecen arraigadas en nuestras costumbres, modas transitorias, razones procedentes de nuestro inconsciente más profundo y, en definitiva, la llamada de los cromosomas sexuales XX y XY, es decir, cuestión de genes.

Pues a mí me ha dicho Víctor que le gusto porque le hago reír, ¿no te parece genial?

¡A los chicos sólo les gustan las tetas!

La atracción sexual

L a atracción que sentimos por las personas es un gran misterio. Sea cual sea tu aspecto externo, siempre encontrarás a alguien al que le gustará tu sonrisa, tus ojos, tu manera de caminar o cualquier otra cosa que ni imaginas.

Algunas teorías sobre la atracción

H ay muchos estudios, algunos muy profundos, que intentan explicar la atracción que sentimos los unos por los otros, pero ninguno lo explica todo, ni son una verdad absoluta. Tal vez la explicación ideal sería aquella que pudiera contenerlo todo. Sin embargo, nuestras propias vivencias y la observación de lo que nos pasa a nosotros y a la gente que nos rodea puede ayudarnos a llegar a ciertas conclusiones.

✓   Según ciertas investigaciones, tanto hombres como mujeres emitimos unas sustancias llamadas **feromonas** cuyo olor, percibido de forma subliminal, no concienciado, estimula el deseo sexual. Hasta tal punto esta explicación es sostenible para algunas personas, que la industria cosmética utiliza feromonas animales –de gatos a veces– o sintéticas para hacer más atractivos (o más atrayentes) sus perfumes y otros productos.

✓   Hay otra idea que sostiene que los hombres se sienten atraídos por aquella mujer que da una cifra entorno al 0,70 al dividir el contorno de la cintura por el de la cadera. Es decir, como si el hombre llevase incorporado un «compás inconsciente» que le hiciera calcular a ojo esa medida en las mujeres con las que se cruza…

✓   La **psicología evolucionista**, por su parte, se inclina por razones de selección natural: elegimos a aquellas personas cuyos rasgos nos garantizan una saluda-

ble capacidad de procreación. Si ese objeto de nuestro interés es mujer, buscaremos, por ejemplo, una joven de anchas caderas, aspecto saludable y de abundante cabellera para madre de nuestros hijos. Y si es un hombre, será alguien fuerte, valiente y poderoso para que nos proteja a nosotras y a nuestros pequeños.

✓   El **psicoanalista** Carl Gustav Jung se basó en el inconsciente para explicar el porqué nos sentimos atraídos por el otro: la mujer buscaría en el hombre su parte o función inconsciente masculina, que él llamó «animus», mientras que el hombre, su parte o función inconsciente femenina, llamada «ánima».

✓   Otros estudios añaden, además, que ciertas características **psicológicas** de hombres y mujeres estimulan igualmente nuestro interés sexual: entusiasmo, dinamismo, inteligencia, creatividad, curiosidad intelectual y carácter alegre.

PECHOS

Las etapas de desarrollo

De la niñez a la edad adulta los pechos pasan por distintas etapas:

 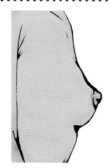 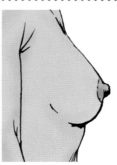 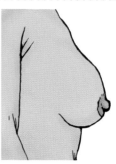

8-11 años   12-15 años   16-20 años   adulta

1 Entre los ocho y los once años normalmente los ovarios ya están produciendo estrógenos que empiezan a circular por el cuerpo aunque no haya signos visibles de ello.

2 En una segunda etapa el pecho se va abultando, y la areola y el pezón se oscurecen y se agrandan. En esa etapa a algunas chicas les duele si se rozan o duermen boca abajo, a otras tal vez un pecho les crezca antes que otro.

3 Más adelante, el tejido graso que hay bajo el pezón y la areola va rellenando el pecho y en algunas chicas crece en forma de punta. La distribución de la grasa va a determinar la forma que tendrán y su tamaño. Es el momento de empezar a usar el sujetador si te resulta más cómodo. Los pechos, el pezón y la areola siguen desarrollándose durante bastante tiempo. Si no te ha venido la regla aún, puede que llegue en esta fase.

4 Finalmente tus pechos habrán adquirido ya su forma definitiva. Excepto por causas especiales, como la toma de anticonceptivos o el embarazo, ya no sufrirán grandes cambios.

Puesto que cada chica sigue su propio ritmo al desarrollarse, no debes preocuparte si ves que estás retrasada o adelantada con respecto a otras chicas de tu edad. Debes tener en cuenta que este proceso también está marcado por la herencia genética.

¿Cómo es el pecho por dentro?

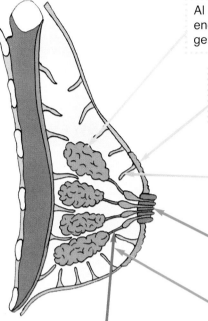

Al dar a luz, una hormona se encarga de provocar que se genere leche en los pechos.

La aureola varía de color, de rosado a marrón, y se oscurece y agranda con la edad y los embarazos.

Unas fibras elásticas separan los coductos mamarios y mantienen los pechos elevados.

El pezón es muy sensible y se pone eréctil al estimularlo. Su forma varía y puede estar invertido (hacia adentro).

A partir de la pubertad se forma una capa de grasa de la que depende el tamaño del pecho.

Cada pecho tiene de 15 a 20 conductos que producen y llevan al exterior la leche materna.

El pecho es casi al cien por cien grasa. En su interior hay también una red de conductos conectados a las glándulas productoras de leche, preparados para enviar leche hasta el pezón cuando hay que amamantar a un bebé.

El pecho es un órgano muy sensible: al principio del desarrollo y durante la regla muchas chicas sienten malestar y dolor en esta zona. Esto también les ocurre a los chicos, así que si sentís que tenéis los pechos algo hinchados y os duelen, no penséis que «eso es cosa de chicas». Estáis en una etapa de cambios hormonales como ellas. Del mismo modo, reacciona fácilmente al frío o a la excitación sexual: el pezón se pone eréctil. Es una de las zonas erógenas más fácilmente estimulables y estimulantes.

mito *Tener el pecho grande implica una mayor disposición sexual.*

El pecho es, además, el órgano dador de leche y a través de él se produce la primitiva unidad madre-hijo: en su fértil fantasía el bebé llega a creer que el pecho es suyo.

El pezón y la areola pueden tener distinta forma, tamaño y color. Esto depende fundamentalmente de tu herencia genética. Es muy probable que las mujeres de tu familia tengáis los senos muy parecidos.

Pecho e historia

De la mitología recordarás la historia de Hércules, quien siendo niño mordió el pecho de la diosa Hera cuando ésta quiso amamantarlo. Al retirarle, salió un gran chorro de leche que dio nacimiento a la Vía Láctea. También es símbolo de fertilidad como lo muestran las numerosas estatuillas como la Venus de Willendorf, con formas sexuales y pechos muy prominentes. Eran muy frecuentes y se cree que representan una forma de culto a la fertilidad.

Más tarde, aunque la ciencia demostró que no existía relación alguna entre calidad y abundancia de leche y tamaño de pecho, la costumbre de atribuirles ese valor se había instaurado y se iba heredando, hasta tal punto que aún perdura en las mentes de algunas personas, sobre todo en zonas rurales.

Origen del sujetador

Al parecer, las primeras en utilizarlo fueron las mujeres cretenses, unos 1.700 años antes de Cristo, pero el diseño actual se creó en 1914 y se generalizó su uso en los años cincuenta del siglo xx.

Distintas formas, distintos sujetadores

Hay muchas formas de pechos: grandes, pequeños, algo caídos, separados e irregulares. Sea cual sea la forma de los tuyos, a los chicos les encanta y su preferencia por unos u otros varía dependiendo de cada persona, época e incluso raza. Sin embargo, puede que no te sientas a gusto con los tuyos y estés pensando qué podrías hacer.

Acudir a la cirugía estética para aumentar o reducir el volumen del pecho se ha convertido en una moda, sobre todo en Occidente. Lo prudente es que se reserve para casos extremos, porque las operaciones con anestesia implican ciertos riesgos. Es bueno, además,

Tipos de sujetadores

Hay muchos tipos de sujetadores. Según el tipo de pecho, tu personalidad e incluso la ocasión, puedes optar por unos u otros.

✔ *Para pechos grandes*

Lo mejor son los reductores o los de tirantes anchos y acolchados para que no te hagan marca en los hombros. Los aros no te favorecen a menos que sean de medio aro.

de relleno

reductores

✔ *Para pechos pequeños*

Los más apropiados son los de copa o los que llevan relleno. Ambos dan forma y volumen.

pensar en soluciones a corto plazo que muchas veces son de gran ayuda.

Los pechos grandes lucen muy bien con escotes, sobre todo de pico, y con el color negro porque disimula muy bien su tamaño.

Si se trata de pechos pequeños, ¡qué suerte poder hacer deporte sin que te duelan!

En el caso de que tus pechos sean asimétricos, no olvides que todo nuestro cuerpo lo es; lo más seguro es que nadie lo note, y además hay formas de disimular estas irregularidades con pequeños reajustes que puedes leer más adelante.

Todos los pechos son hermosos. La perfección sólo existe en nuestra mente y en las fotos retocadas de las modelos. No te dejes engañar y disfruta de lo que la naturaleza te ha concedido. Serás mucho más feliz y eso te hará más guapa.

Duchas frías y el ejercicio pueden fortalecer los músculos de los pechos y mantenerlos más erguidos. También debes cuidar que estén bien hidratados: una buena crema después de la ducha e ingerir dos litros de agua diarios, unido a lo anterior, le garantizarán a tus senos un aspecto joven por más tiempo. Además, ¡no hay que olvidar un buen sujetador! Son muy útiles para ayudar a que permanezcan firmes más tiempo.

✔ Para pechos caídos

de aros

Buscar aquellos sujetadores que al presionar la parte baja del busto, lo levanten. Los de aros y tejidos fuertes son los ideales. Algunos médicos opinan que los aros son perjudiciales. Te conviene ir alternando varios modelos.

✔ Para pechos separados

wonderbra

Te interesan aquellos que van reforzados o con relleno por los laterales, para juntar los pechos.

deportivos

✔ Para pechos desiguales

Puedes llevar cualquier tipo siguiendo las instrucciones siguientes: si se trata de sujetadores de copa, quita la que va en el pecho más grande, o sube el tirante si es cuestión de que uno está caído.

BIENVENIDA, PRIMERA REGLA

La primera regla puede agradarte o no, pero siempre te sorprenderá, aunque la estés esperando. Una vez que te ha bajado será una fiel compañera todos los meses, hasta el final del período fértil.

No debes desanimarte por ello; todo lo contrario: la llegada de la menstruación es un momento biológicamente especial. Tu cuerpo va a recordarte, cada mes, que estás capacitada para tener un hijo. Eso no significa que lo tengas que tener obligatoriamente. Es una elección que tomarás cuando estés en condiciones físicas, emocionales y circunstanciales óptimas. Es decir, cuando estés preparada y lo desees.

Por eso, es muy importante que estés muy bien informada sobre este evento tan especial, para afrontarlo con tranquilidad y sin miedos: la menstruación está rodeada de muchos tabúes que se han ido transmitiendo de padres a hijos, unos relacionados con la salud y otros con la religión, y que, a pesar de toda la información, siguen en pie.

El período fértil de la mujer se inicia con la menarquia –primera regla– y continúa entre treinta y cinco o cuarenta años, hasta que se retira poco a poco o de repente, iniciándose la menopausia. La mujer deja entonces de producir óvulos y concluye su etapa fértil y reproductora, dejando paso a otro ciclo creador como es el de productora de cultura. La primera regla suele aparecer entre los ocho y los veinte años, pero la media está entre los once y los catorce.

El ciclo menstrual

El ciclo menstrual dura unas cuatro semanas, aunque puedes tener un ciclo corto (veintiún día), medio (veintiocho a treinta días) o largo (treinta y cinco días). Lo importante es que sea regular, es decir, que tengas tu regla todos los meses. La duración de la regla también varía: entre dos y ocho días, aunque la media está entre cuatro y seis.

La regla es una pequeña hemorragia de unos 40-50 ml de sangre, de los cuales las tres cuartas partes son eliminadas en los dos primeros días.

La sangre no fluye de forma ininterrumpida, sino que puede haber detenciones de flujo durante unas horas, salir por oleadas o gota a gota.

La Biblia asocia la menstruación con impureza. La mujer era considerada inmunda por siete días. La cama o cualquier objeto sobre el que se sentara también llegaba a serlo. Igualmente, las personas que la tocasen, a ella o a sus cosas, debían lavar sus prendas de vestir y bañarse.

Es posible que las normas de la ley israelita acerca de la menstruación les hicieran recordar la santidad de la sangre. Incluso los hombres también estaban sujetos a inmundicia por causa de los flujos propios de su sexo.

Lo que pasa cada mes

L a glándula pituitaria envía señales a los ovarios con el fin de que produzcan la hormona folículo-estimulante (FSH) y la hormona luteinizante (LH); éstas estimularán a un folículo, alojado en un óvulo. A medida que el óvulo madura, el folículo li-

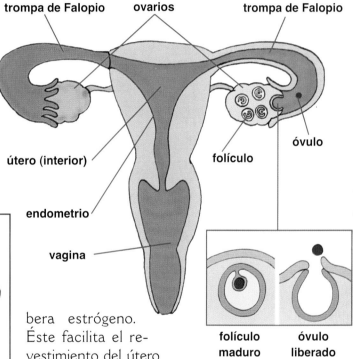

bera estrógeno. Éste facilita el revestimiento del útero con una mucosa llamada endometrio que va tapizando sus paredes para que el óvulo fecundado encuentre un lugar acogedor.

folículo maduro   óvulo liberado

Ovario liberando un óvulo.

Llegado el día catorce del ciclo, el folículo explota, lanzando al óvulo fuera, en dirección de una de las dos trompas de Falopio. Así empieza su camino hacia el útero. Esto es lo que llamamos la ovulación. Generalmente pasa inadvertida, pero algunas mujeres son muy sensibles y notan punzadas o malestar abdominal.

Entonces el nivel de estrógeno es muy alto, reflejándose en una secreción vaginal copiosa y más líquida. Por último, el folículo

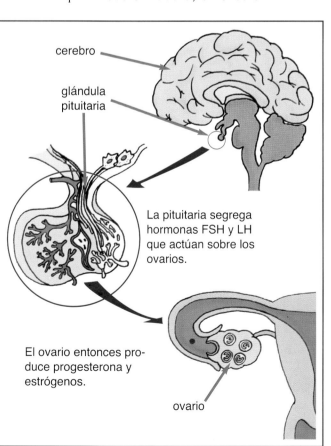

cerebro

glándula pituitaria

La pituitaria segrega hormonas FSH y LH que actúan sobre los ovarios.

El ovario entonces produce progesterona y estrógenos.

ovario

libera progesterona, la hormona que nutre el revestimiento del útero y el nivel de estrógeno disminuye.

A medida que aumenta el nivel de progesterona, la secreción vaginal se hace más pegajosa y escasa. Además el revestimiento del útero se prepara para recibir y nutrir al óvulo fecundado. Si un óvulo, que viaja por la trompa de Falopio encuentra esperma, puede tener lugar la fecundación o concepción. En caso de que esto no ocurra, el óvulo se desintegra y sale por la vagina (normalmente antes de la regla). A partir de ahora el folículo va produciendo cada vez menos estrógeno y progesterona durante unos doce días.

Cuando disminuyen los niveles hormonales, el revestimiento del útero ya no recibe alimento y se elimina: esto es lo que llamamos regla. La capa que queda dentro constituirá la base del revestimiento del mes siguiente y todo vuelve a empezar.

Si la mujer se queda embarazada, el ciclo se interrumpe y el endometrio anidará al embrión que ha nacido del encuentro entre un óvulo y un espermatozoide. La regla volverá unas semanas después del nacimiento del bebé.

En nuestra cultura no se hace ninguna fiesta cuando te viene la regla por primera vez, pero los padres se suelen regocijar, y cuentan el acontecimiento al resto de la familia, visiblemente emocionados, aunque de forma un tanto confidencial por tratarse de un asunto íntimo. Se sienten orgullosos de que su hija sea ya «una mujercita». Y tienen razón: es un acontecimiento muy importante que va a cambiar muchas cosas en tu vida. En otras culturas, aún vigentes, la llegada de la menstruación se vive de formas muy distintas a la nuestra:

Para una muchacha de la tribu de los navajos, un acontecimiento muy importante es la ceremonia de la pubertad, que dura cuatro días y empieza con la aparición de la primera menstruación. Debe permanecer sin lavarse ni dormir (excepto breves instantes y sobre la espalda). Sólo puede beber a través de un tubo y observar varios tabúes alimenticios. Tampoco puede rascarse. El objeto de estas observaciones es que adquiera un carácter diligente y una naturaleza suave.

Para los indios de San Blas, en Panamá, el rito de entrada en la pubertad se llama «floración» y tiene lugar al iniciarse la menstruación. Consiste en cuatro días de continuas duchas con agua fría, día y noche. Después se pinta a la muchacha de negro, de la cabeza a los pies, para protegerla de los malos espíritus que puedan ser atraídos por su belleza y hacerla víctima de una enfermedad fatal.

¡Qué alivio no pertenecer a estas comunidades!, pensarás. Es importante fijarse en que este evento es otro de los ritos de iniciación a los que hacíamos referencia al principio. Aquí las «iniciadas» son chicas, y hay que decir a favor de estos pueblos que en el caso de no pasar las pruebas, los jóvenes son igualmente aceptados, puesto que lo importante del acto es que simboliza el paso a la edad adulta.

¿Qué es el síndrome premenstrual (SPM)?

Unos días antes de la regla puede que notes ciertas alteraciones físicas y psíquicas producidas por la bajada de determinadas hormonas. Es muy importante que estos días intentes estar relajada, llevar ropa cómoda y no hacer sobreesfuerzos. Algunos pequeños consejos te pueden ayudar.

La higiene sexual es muy importante en todo período y no sólo cuando estás con la regla. En la etapa previa a la menstruación, la premenarquía, puede que tengas unas secreciones densas y blanquecinas que fluyen de tus genitales. Esto se llama leucorrea y no debes preocuparte.

Normalmente, lavarte a diario los genitales, cambiándote de braguitas, será suficiente. Si el problema es más importante, sería conveniente usar pequeñas compresas o «salva slip» que podrás cambiar varias veces al día. También existen toallitas húmedas, lociones y «sprays íntimos» que pueden serte útiles cuando estés fuera de casa.

alteraciones

físicas

alergia
cansancio
dolor de cabeza
edemas
náuseas
retención de agua
tensión mamaria
tensión abdominal

psíquicas

angustia
ansiedad
insomnio
depresión
desánimo
excitabilidad
irritabilidad

Es muy importante que la vulva esté limpia y cuidar de que no esté nunca húmeda porque se producen irritaciones, sobre todo si las braguitas o pantalones ceñidos tienden a introducirse entre los labios. Esto es incómodo, mancha la ropa y puede desprender mal olor.

> Las bebidas con gas, el café y la sal aumentan las molestias premenstruales porque hinchan y retienen agua.

> Durante la menstruación, el coito contribuye en muchos casos a aliviar dolores, tensión y otras molestias.

> Durante el coito se liberan endorfinas, relacionadas con la sensación de placer, que a su vez actúan en la zona del cerebro que manda la producción de hormonas.

Para algunas chicas el jabón puede ser irritante si se utiliza regularmente. Es conveniente, pues, utilizar en esos casos preparados detergentes especiales de farmacia para las zonas íntimas.

Cuando tienes ya la regla las medidas de higiene varían un poco. Puedes ducharte como de costumbre y, además, efectuar lavados cada vez que te cambies de compresa o de tam-

pón, es decir 3 o 4 al día, dependiendo del volumen de sangre. Mitos como el que aparece en el recuadro de la izquierda eran muy habituales hace relativamente pocos años.

Esto no tiene ninguna base científica y puede que venga de la idea de que cuando se está con la menstruación «estás mala» y por lo tanto hay que comportarse como ante una verdadera enfermedad y no hacer excesos.

Los métodos de protección

Existen básicamente dos métodos de protección e higiene femenina para que, durante los días menstruales, la mujer se sienta segura y limpia: son las compresas y los tampones.

Desde hace miles de años las mujeres utilizan compresas higiénicas para absorber el flujo menstrual: constituyen, pues, el método más antiguo de protección durante la regla. Hasta hace relativamente poco eran de paño de algodón blanco, el cual, al estar hecho de fibra natural, no producía alergias y tenía la ventaja de que se podía meter en lejía sin que se alterara el color. Eso sí, ¡había que enjuagarlos muy bien! Más tarde aparecieron otros de fibra sintética y de colores variados; éstos desprendían mejor la sangre durante el lavado, pero se descoloraban y afeaban antes. La mujer tenía que cambiarse varias veces al día, dependiendo de que su flujo fuese o no abundante, y, nada más retirar el paño, debía lavarlo. Además no llevaban ningún tipo de adherencia y se movían. Como ves, ¡no era nada práctico!

Actualmente usamos la compresa de celulosa. Ésta es una tira desechable de celulosa que se adhiere a la braguita. Las tenemos de todo tipo: finas –para que se noten menos–, de noche –de mayor tamaño y grosor para retener durante más horas el flujo sanguíneo–, con alas –para que no se manchen las braguitas– o sin ellas.

Las compresas son más higiénicas ya que las cambias cada tres o cuatro horas –o antes, si tu flujo es muy abundante– y no corres tanto riesgo de intoxicación a causa de sus componen-

tes como con los tampones, ya que son menos tóxicos. Eso sí, ¡puedes tener la sensación de llevar pañales! Pero aún así hay muchas chicas que las prefieren.

Para desecharlas, lo más higiénico y menos contaminante es que la envuelvas en un papel o bolsita de plástico y la deposites en la papelera. Nunca la dejes caer en el inodoro porque se puede atascar y su composición, sumada a la suciedad añadida, resulta muy contaminante.

El tampón es un cilindro de algodón, comprimido y tratado de forma que pueda ser introducido con facilidad en la vagina. Una vez dentro, se expande y, entonces, dependiendo de su capacidad de absorción, la sangre queda retenida hasta que lo cambias.

Los tampones vaginales son un método reciente. Aparecieron en Estados Unidos en 1930, sin aplicador y sin dispositivo de extracción. El primer tampón con aplicador se vendió en 1936.

También tienes toda una gama de formatos: mini, regular, súper o súper plus. El que elijas uno u otro dependerá de tu edad y de la abundancia de flujo menstrual. Sus ventajas: no se nota, te permite más movilidad, y puedes nadar en la piscina o en la playa con toda tranquilidad.

Pero no es totalmente inocuo debido a las sustancias nocivas que contienen. No debes tenerlo más de cuatro horas en la vagina, debes lavarte las manos antes y después de colocártelo, y tampoco debes utilizarlo si no tienes la regla. Siguiendo estas pautas evitarás el llamado síndrome del shock tóxico (SST).

Preguntas y respuestas

¿Cuál de los dos métodos es mejor?

Eso va a depender de ti, particularmente de lo que te resulte más cómodo e higiénico.

¿Se puede quedar el tampón olvidado en la vagina?

Puede ocurrir, pero no desaparece porque es de gran tamaño. Si se quedara dentro tras el coito, habría que extraerlo porque puede provocar inflamación en las paredes vaginales.

¿Qué pasa con el himen si introduzco un tampón?

Tu himen, gracias al efecto de las hormonas llamadas estrógenos, se ha hecho más flexible y se dilatará hasta dos centímetros y medio sin rasgarse.

Novedades

En las farmacias y herboristerías puedes encontrar tampones y compresas ecológicos que además de favorecerte a ti, porque no irritan, contaminan menos, puesto que son biodegradables.

Síntomas

- ✓ fiebre alta (39° o más)
- ✓ náuseas
- ✓ vómitos
- ✓ diarrea
- ✓ dolor de garganta
- ✓ dolor de cabeza
- ✓ mareos y desmayos
- ✓ dolor muscular
- ✓ erupciones cutáneas
(en manos y pies,
parecidas a quemaduras)

¿Qué es el síndrome del shock tóxico (SST)?

Se trata de una enfermedad causada por una toxina proviniente de una bacteria que se encuentra normalmente en los seres humanos. Los tampones excesivamente absorbentes y que no se han retirado durante más tiempo del conveniente podrían desencadenar la enfermedad. No es hatibual, pero puede ocurrir si no se observan las normas de utilización de los tampones (bien explicadas en el prospecto de cada caja) y no se sigue una higiene íntima adecuada.. Y llega a ser mortal.

Si notas alguno de los síntomas que aparecen en el recuadro superior durante la regla, debes quitarte el tampón inmediatamente y acudir al médico, quien utilizará un tratamiento basado en antibióticos. Pero recuerda: por precaución no utilices tampones muy absorbentes, no te los pongas cuando no tengas la regla, retíralos cada cuatro o seis horas y lávate las manos antes y después de insertarlos en la vagina.

Ejercicios de yoga para aliviar el síndrome premenstrual

El yoga es una antiquísima filosofía de origen hindú que nos ayuda a superar tanto el dolor físico, causado por las enfermedades, como el psíquico, debido a los conflictos internos, con el fin de hallar el equilibrio entre ambos.

En los días de la regla estos ejercicios pueden aliviarte esos trastornos relacionados con el síndrome premenstrual si los practicas aplicando una correcta respiración.

Ejercicio 1

Favorece también la elasticidad de la columna vertebral y los músculos internos de los muslos.

Postura del candado con los pies juntos
Ayuda a colocar en su sitio los órganos de la cavidad abdominal

Sentada, torso recto, manos apoyadas en el suelo y planta de los pies juntas. Abraza los pies, inclinándote hacia delante, intentando tocar los pies con la frente. Realízalo muy despacio y con respiración regular.

Ejercicio 2

Este ejercicio, además, te ayudará a reforzar la columna vertebral y a regenerar el funcionamiento de los riñones, ya que afluye más sangre a ellos.

Postura de la cobra

Calma las molestias útero-ováricas.

Boca abajo, coloca las manos bajo los hombros, quedando los codos totalmente flexionados. Eleva el torso y la cabeza muy despacio a la vez que inspiras. Mantén unos segundos la posición y vuelve muy despacio al punto de partida. Repite 10 veces.

Ejercicio 3

Practicándolo con asiduidad mejorará también el rendimiento abdominal, corrigiendo, por ejemplo, el extreñimiento. Refuerza los músculos abdominales y pélvicos y es ideal para activar el tono muscular después de haber estado convaleciente en cama.

Postura del viento

Ayuda a eliminar los gases intestinales.

Tumbada en el suelo, brazos a lo largo de los costados, espirando, levanta las piernas doblando las rodillas hacia el pecho y luego estirándolas suavemente sobre la cabeza hasta levantar la espalda. Apoyar en el suelo las puntas de los pies y juntar la barbilla con el pecho.

resumiendo...

Para combatir los síntomas del síndrome premenstrual, pon en práctica los siguientes consejos:

✓ **Dieta**
Es aconsejable reducir al máximo el consumo de sal, para facilitar la expulsión de líquidos y reducir la hinchazón, y evitar el consumo de cafeína, alcohol y tabaco.

✓ **Estrés**
Evitar las situaciones de estrés; es positivo alejarse de las situaciones estresantes (ir al lavabo, tomar un refresco), de manera que se consideren con calma y objetividad.

✓ **Relajación**
La tensión e irritabilidad son síntomas muy comunes, y el aprender alguna técnica de relajación, como yoga o ejercicios respiratorios, ayuda a liberar esta tensión.

✓ **Ocio**
Cuando el humor es cambiante e inestable, siempre es beneficiosa alguna actividad lúdica y tranquilizante, como leer un buen libro o escuchar música.

✓ **Ejercicio**
Un ejercicio físico suave y regular durante los días previos a la regla ayuda a suavizar los síntomas. Un paseo de una hora mejora la circulación sanguínea, y proporciona sensación de bienestar y energía.

EL PENE

El pene tiene tanta importancia para los chicos como los pechos para las chicas. Hay muchas preguntas que tal vez os asalten, ya seas chico o chica, relacionadas con este órgano sexual tan complejo. Algunas son simples curiosidades, otras puede que sean más bien preocupaciones y por eso le dedicaremos un espacio especial a esta parte de tu anatomía, como se merece.

Ya hemos descrito su forma, elementos que lo componen y sus funciones. Abordaremos ahora otros aspectos que hacen del órgano masculino algo también misterioso.

El pene y la erección

El mecanismo de erección es bastante complejo, y para que se produzca han de intervenir muchos órganos que actúan en perfecta sincronía. Desde la infancia estás habituado a ver su funcionamiento y como parece responder siempre, te puede parecer algo muy simple, pero veremos que no es así.

El pene está formado interiormente por tres grandes áreas compuestas de dos tipos de tejido:

✓ Un tejido esponjoso, que constituye la parte central e inferior y dos cuerpos cavernosos situados a ambos lados del tronco del pene. Estos son los responsables directos de la erección.

✓ La zona es igualmente muy rica en terminaciones nerviosas –importante para la transmisión de estímulos– y una extensa red de vasos sanguíneos

el tamaño

Un pene en erección suele medir unos 13 cm de largo y 4 de grosor. En estado flácido se reduce a 8,5 cm de largo y 3 cm de grosor.

La erección puede producirse por estímulos sexuales directos –las caricias o la masturbación– o indirectos como contemplar a alguien o a algo que te atrae sexualmente o que tu cerebro detecte que las vesículas seminales están muy llenas. Esto sería un acto reflejo e inconsciente, no sexual, que explicaría la llamada «polución nocturna» que tanto os avergüenza.

Cuando el cerebro recibe este impulso, afluye a esta zona, de forma es-

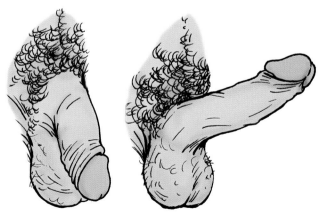

Durante la erección, el pene se hincha y su piel se pone tensa, desapareciendo las arrugas.

pectacular, gran cantidad de sangre. Una especie de «válvula» le permitirá la entrada pero no la salida. El pene aumenta entonces de tamaño y de grosor, se endurece, se «infla» y adquiere un color rojizo.

La erección se prolonga por la tensión de los músculos insertados en la parte superior de los cuerpos cavernosos.

El pene y la eyaculación

Mientras tanto, las glándulas de Cowper segregan un líquido que lubrica la uretra para favorecer la expulsión del semen. A medida que se aproxima el orgasmo, el sistema nervioso se encarga de todo el proceso. Se inician contracciones de las vesículas seminales y de los canales deferentes que hacen avanzar el semen por impulsos espasmódicos hacia la uretra. Los esfínteres uretrales de la próstata actúan como «válvulas» que retienen el semen hasta que llegado el «clímax», la válvula se abre proyectando el semen hacia el exterior. Instantes después se produce una distensión nerviosa, se relajan los músculos de los cuerpos cavernosos y la sangre retorna al sistema circulatorio volviendo el pene a su estado de reposo. Pasado un tiempo, diferente en cada individuo, el proceso puede repetirse.

En el momento de la eyaculación se produce, a la par que la emisión del semen, una sensación muy placentera: es el orgasmo.

> **Mientras duermes, tu pene sigue despierto y se oxigena de forma continua. Se producen unas cinco erecciones en el transcurso de la noche, de unos 20 minutos de duración.**

¡mito!

Una vez que un hombre se ha excitado y tiene una erección, debe continuar hasta eyacular porque puede ser dañino si no lo hace.

Un hombre viril puede eyacular varias veces durante el mismo coito.

¡dato!

El volumen de una eyaculación oscila entre 2 y 6 ml, es decir, una o dos cucharadas soperas.

testimonio

–Jo, ¡qué vergüenza, esta mañana!
–¿Qué pasa, Álvaro?
–Pues nada, ya sabes, que he manchado con eso… mi madre me va a poner verde…

Álvaro, 13 años

El tamaño del pene

Este es un tema que preocupa mucho a los chicos y, por lo tanto, es necesario estar muy bien informados y desmitificar afirmaciones. El pene es símbolo de lo masculino, de poder y de virilidad desde tiempos ancestrales.

Es muy difícil no pensar, con esos antecedentes, que el tamaño del pene no tiene importancia. Puede que te hagan creer que todas las chicas prefieren un pene grande, demostrado –dicen- por la preferencia de algunas chicas por chicos de raza negra. En realidad, hay algunas chicas a quienes les gusta el «tamaño grande», pero a la gran mayoría ni les preocupa. Parece más bien un asunto de competición masculina. No olvides que ¡tú eres mucho más que un pene!

Como cualquier otra parte del cuerpo, el tamaño, forma y color del pene varía de unos chicos a otros, y de unas razas a otras.

Evidentemente no se pueden negar las diferencias, pero tienes que tener en cuenta que a cada tipo o raza de hombre, corresponde un tipo o raza de mujer. Esto no significa que no puedas tener parejas de otras razas, sino que no podemos obsesionarnos por aquello que la naturaleza no nos ha concedido y que son nuestras propias medidas.

Despréndete de aquellas ideas que te quieren vender como verdaderas, infórmate y actúa en consecuencia. Serás mucho más libre.

Diferencias entre razas según ciertos estudios

✓**Orientales**
10-14 cm de largo/3 cm de diámetro

✓**Caucásicos**
14-15,2 cm de largo/3,8 cm de diámetro

✓**Negros**
16-20 cm de largo/5 cm de diámetro

¡costumbre!

Entre los tipoka (Oceanía), se considera de buen gusto hacer comentarios elogiosos sobre el tamaño y vigor de los órganos sexuales de su jefe.

Muchos marineros del Extremo Oriente se introducen bajo la piel del pene unas pequeñas conchas que poco a poco van aumentando el diámetro de su órgano sexual.

La circuncisión

La circuncisión se practica por diversas razones que a veces se entrelazan. Desde el punto de vista médico, se hace cuando existe un problema de fimosis o de longitud excesiva del prepucio, entre otras razones. La fimosis ocurre cuando el prepucio es estrecho y poco elástico, y no permite retirarse con facilidad, obstaculizando que el glande quede al descubierto. En este caso la circuncisión es una operación sencilla y rápida.

Los arunta (Australia) hoy en día practican la circuncisión en dos etapas. En la primera se corta el prepucio y en la segunda se abre el canal uretral con un corte profundo en toda su longitud.

Las razones son de higiene y deseo de establecer una relación favorable con los dioses por medio del sacrificio que implica.

Si tienes algún problema de fimosis, lo mejor es consultar a un especialista. No debes tener miedo –hay muchos grados– ni debe darte vergüenza porque, como ves, es bastante común y la intervención es muy sencilla.

La circuncisión puede ser también una práctica que se sigue sistemáticamente en las tradiciones judías y musulmanas, así como en otros pueblos muy antiguos pero que aún siguen vigentes. En estos casos los motivos pueden ser practicar ritos de iniciación para celebrar la entrada a la madurez, razones de salud, protegerse de la infertilidad, como seguro de inmortalidad o como alianza con los dioses.

Aunque el Corán no señala nada, los mahometanos practican el rito de la circuncisión entre los 6 y 13 años.

Britmilah es el nombre que dan los judíos a la circuncisión, en recuerdo de la alianza de Dios con Abraham, hasta tal punto que estas palabras se utilizan a veces como sinónimos. Se practica al octavo día del nacimiento del varón. Comporta tres fases:

✓ **Milah** o ablación de la parte superior del prepucio.
✓ **Priah** o descarnatura del pene.
✓ **Metsitsah** o cosido bucal de la herida.

Según las estadísticas, en los Estados Unidos al 67% de los recién nacidos se les practica, seguramente debido a que gran parte de la población tiene origen judío.

¡verdadero!

La vagina tiene la capacidad de adaptarse al tamaño del pene.

¡mito!

El tamaño del pene es de 13 cm y si es menor puede provocar en ocasiones desórdenes psíquicos.

Un pene grande es más potente y da mucho más placer a cualquier mujer.

El hombre circuncidado tiene menos placer.

El peso, la altura y la talla tienen relación con el tamaño del pene.

Si un hombre eyacula frecuentemente, pierde fuerza y energía.

CUIDAR TU CUERPO

La piel es el principal órgano sexual. ¡No la descuides!

El aseo personal

Estás en la edad de esos fuertes olores corporales que no sabes cómo controlar. Y es que de nuevo son responsables tus hormonas que hacen que las glándulas sudoríparas desprendan sudor –para eliminar las toxinas y mantener estable la temperatura del cuerpo– y que las glándulas sebáceas eliminen más grasa.

Hay que prestar más atención a ciertas zonas que retienen más el sudor como son las axilas, los órganos genitales y el pelo, pero piensa, no obstante, que estos problemas son transitorios y cuando los cambios hormonales se asienten, todo volverá a la normalidad.

¿Ducha o baño?

La ducha diaria es rápida y muy práctica para la limpieza corporal. Usa un jabón neutro y una esponja de crin que te ayude a eliminar las células muertas y –muy importante– que reactive la circulación de la sangre. Si te atreves, termina con una rápida ducha fría en dirección ascendente, es decir, de los pies a la cabeza. También reactivará la circulación.

El baño, resérvalo para esos momentos de estrés. Si al agua le añades sal, verás cuánto te relaja.

Los genitales hay que lavarlos con sumo cuidado y siempre desde el ano hasta la vagina. No los toques con las manos o las uñas sucias y, para secarlos, utiliza una toallita personal.

Tras la ducha o baño no olvides cambiarte la ropa interior que queda impregnada de los malos olores y aplicar un buen desodorante neutro.

El pelo, ¿lavado diario?

El pelo se llena de grasa y hace que te sientas incómodo. Al parecer, lo más eficaz es el lavado diario con un champú neutro. El cepillado vigoriza el cuero cabelludo y distribuye las sustancias protectoras naturales por todo el cabello, pero no conviene hacerlo con demasiada energía para no arrastrar la grasa.

Loción astringente

Mezclar agua de hamamelis y enjuague bucal (que tiene propiedades antisépticas) a partes iguales y pasarlo cuidadosamente con un algodón por el cuero cabelludo después del champú.

Contra la grasa

Aclarar el pelo con el jugo de dos limones diluidos en 1/4 de litro de agua o una cucharada de vinagre de sidra de manzana en medio litro de agua es excelente para tonificar el cuero cabelludo y eliminar la grasa.

Aprende a relajarte

Las hormonas influyen en la producción de grasa. Si estás estresado, tu cuerpo produce más andrógenos que estimulan la secreción de grasa. Se aconseja practicar técnicas de relajación.

¿Qué hacer con estos granos y espinillas?

Estos molestos y a veces dolorosos trastornos de la piel que suelen aparecer en la cara, la espalda y el pecho es lo que llamamos acné. Si se trata de granos, lo más importante es que no los toques o pellizques, ya que pueden infectarse. Generalmente te durarán una o cuatro semanas, y terminan desapareciendo.

> *Los puntos negros son poros obturados apenas infectados. El color negro puede venir de la oxidación de los lípidos, según unos, o de la melanina de la piel, según otros.*

La causa no se sabe con certeza. Se habla de la influencia de la testosterona y también de cierta predisposición en el caso de algunas personas, así que poco puedes hacer para que no aparezcan, pero sí puedes ayudar a que no te dejen marcas o se enquisten. Si tu caso no es muy alarmante, bastará con que bebas mucha agua, te limpies la cara sin frotarla con algún limpiador suave y utilices alguna crema, gel, líquido o loción que contenga peróxido de benzol. Este medicamento se vende en farmacia, sin receta, y es eficaz porque el benzoílo elimina la célula grasa que empeora el acné y además hace que el peróxido mate a la bacteria que lo produce.

Las espinillas son poros obturados que sí puedes apretar, con las manos limpias, aunque conviene hacer que se dilaten con un baño de vapor sobre el rostro, al que le habrás añadido un puñado de manzanilla por sus propiedades antisépticas. No dejes de acudir al dermatólogo si ves que los brotes de acné son muy fuertes.

El cuidado de los dientes

Por último, ¡no olvides los dientes! Un buen cepillado —y decimos bueno de verdad (al menos 5 minutos)— te garantizará en parte unos dientes más blancos y evitarás las caries. Debes cepillarlos hacia arriba y hacia abajo al menos dos veces al día

¿Por qué se forman las caries? Las bacterias que se encuentran en la boca se unen a los ácidos de los azúcares y otros hidratos de carbono de los alimentos, formando una placa. Esta placa va corroyendo el esmalte y da lugar a las caries.

> ✔ En las farmacias existen unos chicles que, al masticarlos, aumentan la cantidad de saliva. Ésta, gracias al calcio y el fósforo que contiene, refuerza el esmalte y preserva de las caries.

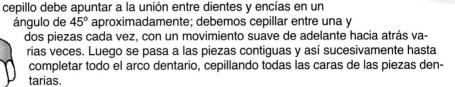

Consejos

✓Hay que cepillarse los dientes con una crema dental con flúor, al menos tres veces por día. Un método básico para hacerlo podría ser el siguiente: la punta de las cerdas del cepillo debe apuntar a la unión entre dientes y encías en un ángulo de 45° aproximadamente; debemos cepillar entre una y dos piezas cada vez, con un movimiento suave de adelante hacia atrás varias veces. Luego se pasa a las piezas contiguas y así sucesivamente hasta completar todo el arco dentario, cepillando todas las caras de las piezas dentarias.

✓Cambiar el cepillo dental regularmente (al menos cada tres meses).

✓Se debe evitar ingerir entre comidas alimentos o bebidas con azúcar.

✓Hacer regularmente una visita al odontólogo y seguir sus consejos.

El concepto de belleza es algo muy relativo: depende en gran parte de la época en la que te toque vivir, tiene mucho que ver con corrientes intelectuales, recibe continuas influencias de otras culturas y está fuertemente relacionada con nuestras necesidades psicológicas más inconscientes. Por eso es muy natural que te intereses por este tema y que desees estar entre aquellos chicos y chicas de los que se dice que «están o se ven muy bien».

Haciendo un poco de historia, verás que la idea de lo bello ha ido cambiando de unos ideales a otros, a veces emprendiendo puntos de vista diametralmente opuestos y otras volviendo a antiguos conceptos.

QUIERO UN CUERPO DIEZ

Un poco de historia

La preocupación por el rostro y el cuerpo parece remontarse a los tiempos de los antiguos **egipcios**, quienes cuidaban mucho su aspecto especialmente para los rituales de la clase sacerdotal, primero que se extiende a las prácticas sociales cotidianas. Baños y aceites perfumados eran técnicas de belleza habituales, tanto para hombres como para mujeres. Tras el baño, ambos adornaban sus cuerpos y rostro con pinturas de colores vivos.

Para los **griegos**, el ideal de belleza tendía a lo natural. Se valoraba el sentido de la proporción, la armonía del todo con cada una de sus partes. El cuerpo no necesitaba de adornos artificiales. Si se deterioraba, las formas se podían recuperar con ejercicios y masajes con aceites.

Los **romanos** heredan de los griegos el culto al cuerpo y son los creadores de las termas que cumplen una función higiénica y social. En ellas, hombres y mujeres recibían todo tipo de atenciones corporales por este orden: mascarillas de arena, polvo y aceite para cuerpos, ejercicio, baños de vapor, exfoliación para eliminar las pieles muertas, piscina, baño tibio y baño frío, depilación y masajes. Sin embargo, hay que añadir, que estas prácticas no eran para todo el mundo. Sólo la clase con mayor estatus social tenía acceso a estos lugares y por lo tanto era quien establecía el ideal de belleza de moda. De los bárbaros, heredan el gusto por la cosmética a la que se entregan desmesuradamente. El ideal de belleza es cada vez más artificial: afeites (actuales productos de cosmética), corsés que estilizan la figura, maquillaje y todo tipo de artilugios, diseñados más para embellecer que para ocultar las imperfecciones.

La cristianización impone un nuevo modelo de belleza: el pudor y la austeridad. Se abandonan los afeites que se relacionan con la prostitución y la lujuria, pero no desaparecen del todo, ya que los cruzados aportan de Oriente nuevos métodos de higiene que revivifican el interés de hombres y mujeres por la estética corporal.

El ideal de belleza que predomina en el largo período que abarca el **medievo** es un tanto ambiguo porque se tiene muy presente la dualidad del ser humano. Se valora lo espiritual y se condena el cuerpo por lo peligroso, por lo que se valora la belleza del adolescente de aspecto angelical. Los cuerpos se embellecían subrayando las diferencias entre los sexos, pero sin destacar excesivamente los atributos sexuales, ya que había una gran preocupación por la mesura y la discreción.

El **siglo** XVI y el **Renacimiento** retornan al ideal platónico: lo bello es entendido como lo Bueno, lo Justo y lo Verdadero. Por otro lado, a estos valores morales se le añade el sentido de la proporción de los antiguos griegos. Leonardo da Vinci, Policleto y Durero desarrollan minuciosos sistemas de medidas para determinar lo que son un rostro y un cuerpo hermosos.

El **Barroco**, de los siglos XVII y XVIII, trae consigo el gusto por el arte de las apariencias. El hombre maquilla no sólo sus palabras y sentimientos, sino su cuerpo y rostro. Las formas naturales se esconden tras los rostros pintados, las blancas pelucas y las vestimentas que exageran o modifican el cuerpo.

En el **siglo** XIX, el concepto de belleza está muy influido por la corriente romántica, movimiento artístico caracterizado por la espontaneidad y la subjetividad frente a la razón, y para la cual el aspecto lánguido y enfermizo es un signo de hermosura, inteligencia, ingenio y distinción.

Durante el **siglo** XX tiene lugar una gran variedad de ideales de belleza, debido a los grandes cambios sociales que se van produciendo. En general hay una tendencia a liberar el cuerpo, a acercarlo a lo natural y al sentido de lo sano. Además, se ponen de moda los Institutos de belleza, lo que abarata los productos de estética, dejando de ser la exclusividad de la clase social más privilegiada.

Como ves, los ideales de belleza son cíclicos y relativos, no pudiéndose desligar de los ideales psicológicos que los acompañan y trascienden. Aquí hemos visto unas pequeñas muestras de algunas sociedades, pero en otras partes del mundo, cada sociedad ha elaborado una manera propia de belleza en función de sus experiencias, historia, su manera de relacionarse con el entorno, incluso de sus necesidades.

Puede que a ti te haya tocado vivir en una época en la que no se lleva tanto tu particular belleza, pero por eso no vas a carecer de ella. Lo diferente tiene también un atractivo para muchas personas.

Resumen

Unos **ideales de belleza** parecen ser **universales**:

✓ Simetría corporal

✓ Torso en forma de V en el varón

✓ Cintura estrecha en la mujer

✓ Curvas en la mujer

Otros son **fruto de las modas**:

✓ Pelo rubio en la mujer

✓ Color de la piel

✓ Delgadez

Además, según ciertos estudios:

✓ Los rasgos femeninos muy exagerados no interfieren para que una mujer sea considerada bella.

✓ Los rasgos masculinos muy exagerados no gustan a las mujeres porque lo relacionan con dureza y violencia.

Estética actual

✓Los chicos

La tendencia es un retorno al sentido griego de belleza: cuerpos atléticos, altos, delgados, de espaldas anchas y caderas estrechas. Como elemento algo «novedoso» está el uso que el hombre moderno hace de la cosmética y de otras técnicas de belleza (la depilación o la cirugía) para corregir imperfecciones. Algunas de estas prácticas, como hemos visto, ya se utilizaban en otras épocas e incluso son costumbre en otros rincones del mundo.

Parece que el hombre, quien durante muchas décadas abandonó el interés por su cuerpo, está siendo el punto de mira de las industrias cosméticas, lanzando nuevas líneas específicas para ellos.

El atractivo físico

El atractivo físico es un producto de las pautas culturales de belleza, pero en general, tanto en hombres como en mujeres, los atributos físicos estarían directamente relacionados con la capacidad reproductiva del sexo opuesto: así, las mujeres se consideran más atractivas cuando tienen atributos relacionados con la fertilidad y la juventud, mientras que los hombres prefieren características de dominancia, fuerza y alto estatus social.

¡costumbre!

Grupos nilóticos de África oriental se afeitan el cuerpo cada cuatro o cinco días, porque el vello es considerado algo sucio.

✓ Las chicas

Al igual que en el caso de los chicos, los cuerpos más admirados son altos y delgados, con redondeces moderadas. Gusta el mestizaje, el aire exótico y hay una tendencia al cuidado del cuerpo por razones de bienestar y salud además de belleza.

En términos generales, la mujer actual suele ir al gimnasio, modela su cuerpo con ejercicios y masajes, y cuida su mente con yoga, relajación, tai-chi u otras prácticas orientales. Cuida también su alimentación, inclinándose cada vez más por comidas y productos naturales para beneficio de su cuerpo y también de su espíritu.

Esta es una realidad, pero hay otras que coexisten con ella. La más peligrosa es la que puede esclavizar a seguir estas pautas, porque de lo contrario no se sigue la moda establecida.

Soluciones estéticas

Cómo *adornar* tu cuerpo

- ✓ Tatuaje
- ✓ Pearcing
- ✓ Rayos UVA

Cómo *esculpir* tu cuerpo

- ✓ Mesoterapia
- ✓ Masajes
- ✓ Liposucción
- ✓ Aumentar contorno de labios
- ✓ Cirugía estética

Influencias... y lo que está en tus manos

Al parecer, en todas las épocas hemos necesitado tener modelos que nos den pautas de belleza; en otras palabras, que nos digan lo que es bonito o feo. Modelos a los que contemplar, admirar, imitar y ¡hasta colgar en la pared de nuestra habitación! Es la manera que tenemos de crecer.

Han estado en toda época, sociedad y lugar: en los banquetes griegos, en las termas romanas, en los palacios de reyes y cortesanos, en las tertulias intelectuales y, desde que en 1895 los hermanos Lumière inventaran el cinematógrafo, en las pantallas de cine o televisión. Más recientemente abundan en las pasarelas, los anuncios publicitarios e incluso las competiciones deportivas. Porque lo paradójico de nuestra época es que no sólo hay que ser «gente guapa», sino exitosa, y para tener éxito, ¡hay que ser guapos! Para lograrlo, el mundo de la estética te ofrece todo tipo de soluciones (ver recuadro superior).

Todas esas técnicas, tanto para chicos como chicas, no son absolutamente inocuas. Señalaremos unas cuantas que están muy de moda actualmente.

Es necesario que seas prudente y en el caso de hacerte un tatuaje, un pearcing, o un aumento del contorno de labios de-

bes ir a un sitio de confianza donde te garanticen unas medidas de higiene y, más tarde, es muy importante que sigas las instrucciones de cuidados que se te aconsejen.

El ideal de belleza en nuestra época es prácticamente «un imposible», hay muy pocas personas que lo tienen de manera natural. Generalmente las bellezas que ves son fruto de buenos maquilladores, de cirugías o de una buena fotografía. Por ejemplo, en los anuncios de televisión, se utilizan diferentes personas para un mismo *spot* de publicidad: la persona que ves está hecha de «fragmentos» de otros cuerpos.

El cuerpo hay que cuidarlo y mimarlo de las mil formas que se te ocurran, pero sin que te controle, ni te sientas amargado porque no lo puedes doblegar a tus deseos. La belleza externa es tan efímera que cuando te quieres dar cuenta, y a pesar de ímprobos esfuerzos por tu parte, tu cuerpo vuelve a oír la «llamada» de las hormonas y se te va de las manos. La mente, sin embargo, siempre permanece joven. Puedes hacer maravillas con ella, si estás dispuesto a ello.

¡qué curioso!

Los chicos, las chicas y el atractivo físico

Según los más recientes estudios de psicología, las mujeres en general desean ser más delgadas, mientras que los hombres lo que desean es un peso diferente, ya sea mayor o menor del que poseen, pero relacionado con su musculación. En cuanto al tamaño del pecho, los hombres prefieren un busto más grande que el que una mujer escogería, pero en todo caso ambos sexos piensan que el sexo contrario prefiere un pecho más grande. En cuanto al color de los ojos, las mujeres asumen que los hombres prefieren los ojos azules, cuando en realidad el ideal de color de ojos parece ser el color de ojos propio; con el color de pelo ocurre lo mismo: el 69% de los hombres morenos prefiere mujeres morenas, mientras que el mismo porcentaje de hombres rubios prefiere las mujeres rubias.

En definitiva, parece ser que los conceptos sobre el propio sexo son mucho más extremistas que lo que el sexo contrario considera como atractivo.

Verte crecer intelectualmente e interiormente
es uno de los mayores placeres que tienes a tu alcance.
¡El goce que produce hace que te sientas mucho más ligero
que una dieta pobre en grasas o unas sesiones de aeróbic!
Este logro sí que está en tus manos.

LA SEXUALIDAD EN LA ADOLESCENCIA

LA SEXUALIDAD EN LA ADOLESCENCIA

¿Qué es la sexualidad?

La Organización Mundial de la Salud (OMS) define la sexualidad como «la integración de los elementos corporales, emocionales, intelectuales y sociales del ser sexual, por medios que sean positivamente enriquecedores y que potencien la personalidad, la comunicación y el amor». A partir de ahí, podemos deducir que muchas de las creencias que circulan en torno a la sexualidad son mitos y errores que conviene aclarar para que la sexualidad se desarrolle felizmente. Bajo este prisma, la sexualidad se ha visto como algo malo o sucio –excepto si se practicaba para tener hijos– o limitada a la vida de casados y reducida a los genitales. Sin embargo, nada que ver con la realidad: es una de las dimensiones más hermosas, que abarca toda parcela de nuestro cuerpo y mente y que es una fuente inagotable de placer.

Además, nacemos ya como seres sexuados y, desde ese momento y hasta el final de la vida, nuestra sexualidad pasará

por diferentes etapas de desarrollo y cambios.

El bebé no sabe por qué su pene se pone en erección cuando está mamando del pecho materno y, en la infancia, el niño apenas si es consciente de que hay dos sexos de no ser porque ve que papá tiene «colita» o que a su hermanita parece «faltarle algo». Más tarde, irá descubriendo todos esos misterios sobre la sexualidad a medida que va preguntando y observando tanto sus propios cambios como los ajenos. Progresivamente, las hormonas se van encargando de destacar los caracteres sexuales de manera que, en la pubertad, se produce el despertar sexual.

Puede que te haya sucedido, al cruzarte con ese chico o chica con quien coincides a diario, que te pareciera diferente. Ese repentino rubor al mirarle a los ojos, esa especie de alegría inexplicable o ese corazón que se acelera son signos del despertar sexual, es decir, de tu deseo sexual. Esa primera vez será una de tus más emocionantes experiencias y es muy probable que nunca la olvides.

A partir de ese momento, te harás muchas preguntas sobre cómo hacer para acercarte a esa persona que te gusta tanto, si le gustas, si eres atractivo o atractiva a otros, qué está bien o mal en asuntos de sexo, y un largo etcétera que irá conduciéndote hacia la madurez sexual. En realidad, nunca la alcanzamos plenamente porque, mientras haya vida, siempre tendremos cosas que aprender.

Además, es muy importante recordar que cada persona tiene su propia psicología, lo que determinará cuándo y cómo va a iniciar su vida sexual.

¿Es lo mismo erotismo que sexualidad?

Cuando hablamos de sexualidad nos estamos refiriendo tanto a «las condiciones anatómicas y fisiológicas que caracterizan a cada sexo» como al «deseo sexual», es decir, a aquella apetencia por disfrutar del sexo con alguien.

El erotismo, sin embargo, es sinónimo de «placer sensual», o dicho de otro modo, es el placer que obtenemos a través de nuestros sentidos. Ya en el vientre de la madre el bebé es un ser sensual que puede percibir el olor de su madre, oír su voz o succionar su propio dedo. Después del nacimiento, sigue descubriendo sensaciones placenteras: mirando sus manos o los rostros de sus padres, emocionándose con sus voces, saboreando el alimento, regocijándose con el olor materno o el contacto con su cuerpo.

Madurez sexual

Ser maduro sexualmente no significa que nos hemos acostado con mucha gente ni que conocemos infinidad de posturas para hacer el amor. Más bien requiere liberarnos de miedos, vergüenzas, tópicos y tabúes que nos angustian, conocer lo mejor posible nuestro cuerpo para poder expresar nuestros deseos y preferencias, saber que, en la sexualidad, más allá de dos cuerpos que se unen, hay dos espíritus y dos sensibilidades que debemos tener en cuenta. También es necesario estar al corriente de las diferencias entre chicos y chicas en la manera de vivir la sexualidad, de cómo las épocas así como los hábitos culturales y religiosos modulan «lo que está bien o mal», y de todos aquellos trastornos sexuales que pueden dificultar un crecimiento apropiado.

Podríamos decir que puede haber erotismo sin sexualidad como cuando decimos que se nos pone la piel de gallina al oír una determinada música o contemplamos con emoción los tonos rojizos y anaranjados de un atardecer. Sin embargo, sería muy arriesgado afirmar que la sexualidad se puede vivir sin erotismo ya que, aunque fuera una sexualidad puramente física, ¿cómo desligar de ella la percepción de nuestros sentidos?

¡Con los cinco sentidos!

La sensualidad que vivimos de bebés, aunque no la recordemos, no se detuvo en la infancia. Seguimos siendo esos seres capaces de disfrutar de lo que nos rodea a través de nuestros sentidos, y especialmente de la sexualidad, que constituye una parte muy importante de nuestras experiencias. En las culturas orientales, la sexualidad se vive muy ligada a la sensualidad,

pero, en occidente, diversas corrientes filosóficas y religiosas hicieron creer que el sexo debía quedar restringido a la procreación. Es fundamental, pues, liberar nuestra mente de los tabúes y miedos que se han ido «colando» en nuestra cultura sexual para poder desbloquear nuestros sentidos y vivir una sexualidad más natural.

Cómo interviene cada uno de tus sentidos en la elección de pareja y en el encuentro sexual va a depender de tu particular sensibilidad, pero se puede asegurar que la **mirada** va a ocupar un lugar privilegiado desde el principio: basta un vistazo para saber si la persona que tienes enfrente te resulta atractiva sexualmente. Si además ya estás enamorado, ver la expresión de felicidad y goce de tu pareja cuando hacéis el amor y ser mirado por ella es una de las vivencias más placenteras.

Los besos son también determinantes para conocer el grado de atracción: si no puedes soportar el **sabor** de la boca de alguien difícilmente podrás entregarte a él. Muchos chicos y chicas se limitan a besarse superficialmente en su primera cita lo que, además de allanarles el terreno para coger confianza y vencer la timidez, les ayuda a discernir si hay química sexual.

La sexualidad no sería lo mismo sin los susurros, gemidos o palabras que acompañan a nuestros encuentros sexuales. Necesitamos **oír** sonidos y voces que nos confirmen que el otro está presente, que con la **palabra** nos asegure también su amor y deseo. Además, es muy importante que aprendas a expresar tus sentimientos y liberarte de esa idea de que nuestro instinto nos va a guiar en ese momento o de que hablar de sentimientos es cosas de chicas.

De la **piel** se dice que es el principal órgano sensitivo, y no ha de extrañarnos porque bajo la epidermis se hallan numerosos capilares y terminaciones nerviosas. Sin caricias, el niño crece con profundos trastornos emocionales. Acariciar a tu chico o chica, interesándote por conocer aquellas partes de su cuerpo que más lo agradecen y pedirle que te acaricie a su vez, no debe avergonzarte.

El olor

El olor corporal es único en cada persona y puede producir en nosotros rechazo o aceptación. A diferencia de los chicos, las chicas, de forma no consciente, eligen pareja teniendo en cuenta su olor corporal, y, según unos recientes estudios, este olor les recordaría al paterno. Esto explicaría por qué algunas mujeres siguen recordando mejor el olor del hombre al que amaron profundamente que su rostro. Además, los humanos, así como otros mamíferos, desprendemos unas hormonas, las feromonas, cuando estamos receptivos sexualmente, que atraen al sexo opuesto, lo que facilita el encuentro sexual.

¡mito!

En la relación sexual cada uno conoce instintivamente lo que la pareja piensa o quiere, por lo que no hace falta expresarlo.

Un hombre no debe expresar sus sentimientos a su pareja.

Los sueños eróticos

Los llamados sueños eróticos son muy comunes. No debes, pues, asustarte ni avergonzarte si en tus sueños apareces besándote apasionadamente o incluso haciendo el amor con personas de tu familia o de tu propio sexo. Cada personaje onírico representa una parte de ti y no tanto a esas personas, por lo que el significado profundo de cada sueño va más allá del significado aparente. Además, los sueños eróticos cumplen también la función de liberar tensiones y frustraciones, por eso, y debido a la fuerte excitación, los chicos amanecen mojados. A estas eyaculaciones se las llama poluciones nocturnas o sueños húmedos.

A las chicas les ocurre lo mismo, aunque la cantidad de fluido vaginal suele ser menor y pasa desapercibida al no manchar las sábanas.

Las fantasías eróticas

Existe un cierto pudor para hablar de nuestras fantasías sexuales, pero el hecho es que son muy habituales. Chicos y chicas no fantasean igual, aunque estas diferencias están sujetas a la cultura de donde se provenga, a la personalidad y al propio sexo.

✓ Diferencias

Los chicos

En general, el chico es más visual y genital. Se imagina con una chica que está «buenísima» o con varias a la vez y que están todas locas por él, lo que suscita la envidia y admiración de todos sus amigos. Pero, si está enamorado, es muy probable que sus fantasías sean más románticas e imagine qué cosas hará para seducirla, dónde irán juntos o cómo harán el amor.

Las chicas

La chica tiende más a inventar encuentros románticos con el chico que le gusta: bien la espera en la puerta del instituto para llevarle los libros, bien le envía una nota donde le dice lo guapa que es o bien imagina el momento en que la cita para verse. Si es algo mayor, fantaseará que la relación se consolida, que se van a vivir juntos o se casan y que tienen hijos.

¿Por qué esas diferencias? Según algunos estudios la mujer ha necesitado, a lo largo de todas las épocas, una «continuidad» en la relación, ya que como portadora del hijo es muy importante para ella asegurarse de que cuenta con el hombre para su crianza y mantenimiento. Pero el papel de la mujer en la sociedad está cambiando vertiginosamente, y las diferencias entre ambos sexos se van estrechando.

Volviendo a las fantasías, ¿por qué recurrimos a ellas? A veces, porque nos gustaría tener pareja y mediante la imaginación «suplimos» momentáneamente esa necesidad y superamos la frustración, o puede que nos preparemos de algún modo para la vida real, o tal vez probemos con ellas lo que verdaderamente deseamos y desechemos lo que no es más que una idea. Puede que hayas oído la siguiente afirmación:

Tener fantasías sexuales con otra persona cuando haces el amor con tu pareja es lo mismo que serle infiel.

Esto de nuevo es una falsa creencia. Las fantasías eróticas son como los sueños eróticos y vienen a cumplir una función de liberar tensiones o aclarar ideas. Las fantasías no son buenas cuando aparecen de forma reiterada y obsesiva y nos impiden tener otras formas de disfrute. En ese caso es conveniente que acudamos a un especialista, quien nos ayudará a comprender qué hay detrás de ellas y así podremos integrarlas en nuestra mente de forma más sana.

¿Qué son las zonas erógenas?

Son aquellas partes del cuerpo especialmente sensibles a la excitación sexual. Generalmente son zonas que reciben una mayor irrigación sanguínea y nerviosa, por lo que la zona genital ocupa un lugar privilegiado. Las zonas erógenas de los chicos son principalmente el glande del pene y el escroto; de las chicas, la entrada vaginal, los labios menores y el clítoris. Hay otras partes que son comunes a ambos sexos y que varían en función de la sensibilidad de cada uno: los pechos –que reaccionan al estímulo con la erección del pezón y la expansión de la areola–, las nalgas –por su proximidad a la zona genital–, la boca y los labios –porque recuerdan a la vagina–, y otras partes del cuerpo como los pies, los lóbulos de la oreja y la nuca, por citar algunas de ellas.

El autoerotismo

LA CONDUCTA SEXUAL

El autoerotismo es la manera de procurarse placer sexual, acariciándose uno mismo los genitales y el cuerpo. Se le puede llamar también **masturbación**, aunque esta palabra puede tener una connotación más moralista. Surge en la infancia, de forma ocasional al observar el niño o la niña que cuando toca sus genitales le produce placer. Algunos niños adquieren pronto el hábito y lo practican regularmente, pero otros, a veces porque son regañados, desisten de ello. Más tarde, al principio de la adolescencia, cuando las hormonas sexuales se despiertan, el autoerotismo reaparece para aliviar tensiones o como forma de experimentar, de calmar el deseo sexual y de conocer el propio cuerpo. En la edad adulta y mientras vivamos sigue cumpliendo esas funciones, o formando parte del juego erótico en la pareja e incluso, en algunos casos, para mitigar la soledad.

Según el informe Kinsey y colaboradores (1953), los chicos empiezan antes a masturbarse que las chicas. Además, algunas no lo hacen nunca o empiezan cuando ya tienen chico y fantasean con él. Sin embargo, esas diferencias van disminuyendo y hoy día es una práctica muy extendida en chicos y chicas.

No hay que sentirse culpable por masturbarse porque no violas los derechos de nadie, ni tampoco perjudicas tu salud. Además, para algunas mujeres, constituye la única manera de alcanzar el orgasmo. Tampoco se trata de tener que incorporar esta práctica obligatoriamente si no quieres hacerlo por tu moral o tu religión, pero sí es necesario que sepas que la sexualidad es algo personal, íntimo y que admite muchas variaciones. Vivirla con libertad –sin miedos ni tabúes– es fundamental, pero también lo es vivirla con calma. Sus fuentes son inagotables y durará lo que dure tu vida.

¡mitos!

La masturbación puede dañar los órganos sexuales, detiene el crecimiento y produce locura y ceguera.

Si te masturbas mucho, el deseo por tu pareja va a disminuir.

Masturbarse a pesar de tener pareja significa que las cosas no van bien con ella.

Besos y caricias

En los primeros encuentros, los besos y las caricias son básicamente la única conducta sexual que los chicos y chi-

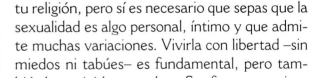

cas se permiten, hasta que van incorporando otros comportamientos. Empiezas así a descubrirte a ti mismo, a conocer tus propias limitaciones, capacidades y habilidades, así como las del otro. Esto se llama, hoy día, **petting**, que significa mimo o besuqueo.

El beso es una de las maneras de comunicar, a la persona que amamos o que nos gusta, nuestro amor y deseo. Besarse en los labios es una costumbre casi universal, muy placentera para los enamorados. Algunas personas consideran el beso mucho más íntimo que el coito, hasta tal punto que en la prostitución, muy a menudo, tanto clientes como prostitutas se niegan a besarse en la boca.

El coito

L a palabra coito hace referencia básicamente a la entrada del pene en la vagina. Para que se pueda realizar satisfactoriamente la penetración, tanto el hombre como la mujer tienen que haber alcanzado una fase de excitación suficientemente alta para que el pene esté rígido y la mujer tenga bien lubricada su vagina. Los juegos sexuales –caricias, besos y estimulación de las zonas erógenas– facilitarán que ambos lleguen a la fase de excitación que permita la entrada del pene sin que sea incómodo para ninguno.

Esta es la descripción técnica y física, pero, para que el coito sea plenamente satisfactorio, algunas personas consideran que tiene que producirse, además, una fusión emocional que abra paso al encuentro psíquico.

El coito según una metáfora china

El hombre sentará a la mujer sobre él, sujetando su frágil cintura y precioso cuerpo; le susurrará palabras de amor, asirá su cabeza entre sus manos y mordisqueará sus labios. Luego, la invitará a tomar su Tallo de Jade, erguido como la cumbre solitaria de un monte que se eleva hacia un mundo de leche; mientras, acariciará su Puerta de Jade, humedeciéndose así la Grieta de Cinabrio como un solitario manantial de aguas que brota de un hondo valle.

¿Qué es ser virgen?

Ser virgen significa que aún no has tenido relaciones sexuales completas, es decir, que aún no has tenido una relación coital. Hasta hace relativamente poco, en nuestra cultura, ser virgen era una virtud en la mujer y una «deficiencia» en el chico, ya que se presuponía que éste tenía que ser más experto. En algunos casos, el chico que tardaba en perder su virginidad era llevado a un prostíbulo por un adulto de la familia o amigo.

En cambio, si la chica perdía su virginidad antes de casarse era considerada una chica inmoral, es decir, una chica «mala», con la que ningún hombre querría casarse.

Afortunadamente en nuestra sociedad, esta idea casi ha desaparecido y los adultos aceptan ya que sus hijos –tanto chicos como chicas– tengan sus experiencias sexuales antes de casarse o vivir en pareja, aunque sigue siendo motivo de preocupación el que sepan tomar precauciones para evitar enfermedades o embarazos no deseados.

¿A qué edad se deja de serlo?

Esto va a depender, además de la madurez de los órganos sexuales, de tu madurez psicológica y emocional. Ni las presiones de tu grupo de amigos por medio de burlas, insultos o comentarios como «eres un estrecho», deben llevarte a hacer algo que no te nace de momento. Si te precipitas, las consecuencias pueden ser nefastas: sentimientos de culpa, baja autoestima, miedo, aborrecimiento y repugnancia a posteriores encuentros sexuales.

Cuando estés listo, no dejes de ser sincero en todo momento, expresando lo que quieres, cómo lo quieres y hasta dónde quieres llegar. También te puedes permitir el volverte atrás. Es de sabios rectificar a tiempo: puede que en el último momento pienses que te has precipitado, y entonces simplemente di NO.

Del mismo modo, si es tu acompañante quien no quiere seguir, deberás comprender que está en su derecho y no debes forzarle. El sexo que más satisface no es aquel en el que se han tenido orgasmos múltiples, ni en el que se han probado

miles de posturas, sino en el que ha habido respeto, confianza y mucha ternura.

¡costumbre!

Entre la tribu de los kumbeo de Brasil, las niñas son desfloradas a los ocho años, cuando cumplen la mayoría de edad. Este ritual lo realiza un anciano impotente, utilizando para ello sus propios dedos: tras romper el himen de la muchacha, dilata la vagina hasta que consigue introducir tres dedos.

En la comunidad gitana, la madre del novio es la encargada de desflorar a la novia antes de la noche de bodas.

En Saoma (Sudamérica), la costumbre era que las hijas de los jefes fuesen desfloradas públicamente antes de que se casaran.

¿Qué pasa con el himen durante el coito?

Una chica puede tener su himen intacto y haber dejado ya de ser virgen. Esto es posible porque el himen es muy elástico y no necesariamente se desgarra ni sangra cuando la mujer es «desflorada», es decir, realiza por primera vez el coito. Muchas sociedades que lo ignoraban practicaban la desfloración públicamente o delante de las mujeres mayores del grupo para garantizar que la joven era entregada virgen al novio. Aún se sigue llevando a cabo este ritual en ciertas etnias.

LA RESPUESTA SEXUAL

La respuesta sexual en el ser humano tiene un componente emocional y otro fisiológico. En cuanto a la manera de **expresar las emociones**, ésta es muy variable y va desde personas que hacen muchos aspavientos, gimen, gritan o van describiendo lo que sienten, a otras que, sin embargo, son mucho más silenciosas y prefieren centrarse en todas las sensaciones que están experimentando.

En cuanto al aspecto fisiológico, hay dos reacciones comunes en hombres y mujeres: se produce una vasoconstricción de la zona genital al ser irrigada por los vasos sanguíneos y una miotonía o aumento de la tensión muscular. Imaginariamente, ese aspecto de respuesta sexual se suele dividir en cinco etapas:

1. El deseo sexual.
2. La excitación.
3. La meseta.
4. El orgasmo.
5. La resolución.

1 Sin el **deseo sexual** no se iniciaría todo el proceso de respuesta sexual. Éste puede nacer de forma natural a través de nuestros sentidos: un cuerpo bonito, unos labios sensuales, unos andares, la voz, el olor o el tacto de la piel. A veces, basta con iniciar una conversación en torno al deseo para que éste se despierte.

2 La fase de la **excitación** es muy parecida en ambos sexos ya que tanto el hombre como la mujer experimentan una elevación de la temperatura, oscureciéndose al mismo tiempo la zona genital.

En los chicos, la mayor evidencia es la erección del pene, que se produce porque el tejido esponjoso que lo forma se llena de sangre. Además, los testículos se oscurecen y cambian de tamaño, aumentando a veces hasta un 50% y quedando pegados al abdomen.

En las chicas, además del cambio en la temperatura corporal, los pezones se ponen duros y erectos, y la vagina segrega una sustancia viscosa que puede cambiar de color u olor dependiendo de las personas. Esta secreción sirve para lubricar la vagina y hacer más suave la penetración.

Además, en la zona genital externa se producen ciertos cambios: los labios mayores se abren dejando visibles a los labios menores que se oscurecen y se hinchan. El orificio vaginal se dilata, el clítoris se endurece, aumenta de tamaño y en el interior la vagina se alarga por la elevación del útero. Todo el cuerpo femenino se prepara para recibir al pene.

3 La **meseta**, siguiente fase a la respuesta sexual, se caracteriza por un tiempo de placer y calma aunque la excitación, la respiración, el ritmo cardíaco y la presión sanguínea siguen en aumento, así como todo el aparato genital femenino que continúa su expansión. En este momento, los chicos pueden segregar unas gotitas de líquido procedente de las glándulas de Cowper que contiene algunos espermatozoides. Aunque no es semen, de haber penetración, la chica podría quedar embarazada si no se toman precauciones.

4 El **orgasmo** es la fase más placentera. Tras una fuerte excitación, la mente se suele quedar en blanco, desconectada de todo, como si se fuera la vida. En francés, el orgasmo recibe muy acertadamente el nombre de la petite mort (la pequeña muerte).

5 La **resolución** es ya la última fase: tras la fuerte tensión durante el orgasmo, el chico entra en un período de relajación llamado refractario durante el cual la capacidad de responder a nuevos estímulos sexuales se anula. Generalmente, para poder tener otro orgasmo, tienen que esperar unos minutos y lo normal es que el chico se sumerja en una ligera somnolencia debida a la fuerte relajación muscular. La mayoría de las chicas no pasan por este estado, se recuperan rápidamente y pueden tener otro orgasmo si lo desean.

Coito y orgasmo: mitos y realidad

¿Qué es el punto G?

En realidad no hay acuerdo sobre si existe o no el llamado punto G. Se supone que es el lugar de mayor placer dentro de la vagina –gracias a sus numerosas terminaciones nerviosas–, con un tamaño de unos treinta milímetros de ancho, y que estaría situado a unos cinco centímetros del orificio vaginal.

He oído hablar de una eyaculación femenina, ¿es cierto?

Se llama así a un abundante líquido, parecido al semen, procedente de la uretra que algunas mujeres liberan cuando se les estimula el punto G. Como es de suponer, si no se tiene localizado este punto, difícilmente se podrá tener esa especie de «eyaculación», por lo que es un asunto imposible de generalizar.

Ernest Gräfemberg fue el ginecólogo alemán que descubrió, en los años cuarenta del pasado siglo, una zona erógena dentro de la vagina a la que otros especialistas denominaron, más tarde, el punto G.

¡mitos!

Cuanto más tiempo dure el coito, más gratificante es.

Una pareja ideal consigue el orgasmo al mismo tiempo.

Me gustaría disfrutar del orgasmo a la vez que mi chico

Las parejas suelen tener ese ideal, pero no es tan fácil que ocurra, y además se corre el riesgo de que se bloquee el placer por estar muy pendiente de ello. Las prácticas sexuales orientales aconsejan que primero lo tenga la mujer, que tarda más en alcanzarlo, y luego el hombre. De esa forma, ambos os sentiréis felices y satisfechos.

¿Las chicas podemos tener varios orgasmos seguidos?

Parece que sí, porque a diferencia de los chicos, no pasáis por el período refractario –período de relajación sexual– que caracteriza a la respuesta sexual masculina. Otras culturas milenarias –como la china–, que han vivido la sexualidad de forma menos represiva que la occidental, sostienen que tanto hombres como mujeres pueden tener orgasmos múltiples y que es cuestión de aprender técnicas.

El coito durante la menstruación puede contribuir a aliviar dolores y molestias.

El coito es una de las posibles conductas sexuales y en muchos casos no es lo más satisfactorio.

Nunca he tenido un orgasmo vaginal, ¿soy rara?

Pocas mujeres lo tienen, por lo que se ha llegado a la conclusión de que todo orgasmo se produce por una estimulación directa del clítoris —es lo que se llama orgasmo clitoridiano— o indirecta. Este último sería el vaginal, pero ambos tienen un origen común: el clítoris.

Mi chica finge a veces los orgasmos, ¿qué puede estar pasándole?

Hay muchas causas: puede que esté estresada o preocupada, que tenga miedo a la relación sexual o incluso que no le gustes demasiado aunque te quiera. Debes hablarlo con ella y animarla a que sea sincera.

¿Es lo mismo coito que orgasmo?

El orgasmo, como hemos visto, es la etapa en la que se alcanza el clímax de placer en el encuentro sexual, pero a él se puede llegar por otros medios, como son la masturbación, el roce, las imágenes durante el sueño y el coito.

El coito es, tradicionalmente, la entrada del pene en la vagina, aunque también existe el coito anal.

En ocasiones, sólo me apetece estar a su lado y abrazarle, ¿soy frígida?

El orgasmo da mucho placer y alivia fuertes tensiones, pero no es el único objetivo en la relación sexual. A veces basta con las caricias u otras manifestaciones de cariño. Si sólo te ocurre a veces es normal, pero debes hablarlo con tu chico, tal vez para él no sea satisfactorio.

Un hombre viril puede eyacular varias veces durante el mismo coito.

El coito anal sólo lo realizan los pervertidos o los homosexuales.

Sólo se es una mujer de verdad si se tienen relaciones sexuales completas, es decir, que culminen en coito.

El coito dura más tiempo si se realiza esporádicamente.

SEXO ORAL Y SEXO ANAL

Hasta hace poco, el sexo oral –al igual que el anal– se consideraba una práctica degenerada. Actualmente está aceptado como una experiencia más dentro del actual concepto de la sexualidad. No obstante, hay personas a las que no les gusta practicarlo por diversas razones, tales como repugnancia, miedo, rechazo a la pareja, etc.

Sexo oral

El **sexo oral** es la estimulación de la zona genital de la pareja con la boca para dar placer o/y llevarla al orgasmo. Si se estimula el pene se llama fellatio y se es la vulva, cunnilingus.

✓ *Fellatio*: Se practica chupando, lamiendo, mordisqueando o besando el pene o los órganos genitales externos (testículos, escroto) y produce una fuerte excitación.

✓ *Cunnilingus*: Consiste en chupar, lamer, mordisquear o besar la vulva de la mujer. Puede ser igualmente muy placentero, pero la mujer suele necesitar ciertos preámbulos antes de pasar a esta práctica.

Sexo anal

El **sexo anal** es tanto la estimulación del ano –por medio de caricias con los dedos o con la boca– como el coito anal, que es la entrada del pene en el ano. Esta práctica suele ser más placentera para el hombre que para la mujer, posiblemente porque el orificio anal es una zona que se dilata menos que la vagina y puede resultar molesta. Si se practica el sexo anal es conveniente que se lubrique bien la zona para evitar desgarros.

Durante el coito anal la mujer tiene menos riesgo de quedarse embarazada, pero no es una garantía total porque el esperma podría alcanzar la vagina, sin olvidar que ciertas enfermedades de transmisión sexual se contagian más de este modo debido a los pequeños desgarros.

¿El semen puede dañar la salud si el hombre eyacula en la boca de su pareja?

El semen en sí no es malo para la salud, pero algunas personas encuentran desagradable el sabor o la idea de que puedan contagiarse con alguna enfermedad les da miedo. Se debe por lo tanto recurrir al preservativo para realizar esta práctica y no correr riesgos.

Nacemos como seres bisexuales, porque recibimos de nuestros progenitores una parte femenina y otra masculina. Ya en la adolescencia, pasamos por diferentes etapas que van a repercutir en la forma de vivir la sexualidad:

ORIENTACIÓN SEXUAL

✓ Etapas

12-14 años

Entre los doce y catorce años, generalmente la única actividad sexual de los chicos y de las chicas es la masturbación. Los varones, además, manifiestan una cierta aversión por las chicas, posiblemente como forma de separarse de la madre.

15 años

Hacia los quince años, los chicos se decantan por la tendencia sexual del grupo al que pertenecen, ya que la opinión de los amigos y su aceptación es sumamente importante, pero puede surgir a esta edad –sobre todo en chicos por la fuerte pulsión sexual– un estado de incertidumbre –¿será que me gustan los chicos?– y algunos llegan a vivir experiencias de tipo homosexual como son las masturbaciones colectivas.

16-17 años

En la siguiente etapa, hacia los dieciséis y diecisiete años, se suele producir una apertura hacia la heterosexualidad, definiéndose tanto la identidad sexual –me siento chico o chica– como la orientación sexual –me atraen los chicos, las chicas o ambos.

17-19 años

Entre los diecisiete y diecinueve años, una vez consolidada la identidad sexual, el joven ya suele tener claro quién es, qué quiere y cuál es su camino.

La orientación sexual se ha intentado explicar desde teorías genéticas, hormonales o psicológicas. Entre estas últimas se hallan las que sostienen que se trata de una no resolución del complejo de Edipo (Freud), de dificultades con la personalidad de los padres (Bieber) o de un resultado de las experiencias en la adolescencia (aprendizaje). Aunque las causas exactas se desconocen, todos coinciden en que se inicia en la infancia o en la adolescencia.

La heterosexualidad

Cuando hablamos de heterosexualidad nos referimos a la preferencia sexual por personas del sexo opuesto. Por cuestiones anatómicas obvias y sociales, lo tradicional ha sido que la persona elija a otra del sexo opuesto con quien formar una familia y tener hijos propios. Sin embargo, a lo largo de la historia de la humanidad, la heterosexualidad ha coexistido con otras tendencias o gustos sexuales, como son la homosexualidad o la bisexualidad.

La bisexualidad

La persona bisexual siente atracción tanto por hombres como por mujeres y disfruta sexualmente con ambos. Esta es una postura un tanto indefinida que no tiene la simpatía ni de las personas con tendencia homosexual, que consideran que el bisexual no asume su homosexualidad, ni de aquellas heterosexuales que piensan que lo quieren todo.

La homosexualidad

Por homosexualidad entendemos la preferencia sexual por alguien de nuestro propio sexo. Esto se aplica tanto a chicos que prefieren a otros chicos –a los que también se llama gays– como a chicas que prefieren a chicas, a las que se les suele llamar lesbianas. La homosexualidad ha existido en todas las culturas: así, por ejemplo, es conocida la preferencia de los varones en Grecia por los efebos.

Hasta hace poco esta orientación estaba incluida en la clasificación publicada por la Asociación Psiquiátrica Americana (APA), como una disfunción sexual. En las últimas ediciones, la homosexualidad ya no aparece entre los trastornos sexuales por considerarse una elección sexual.

¡costumbre!

Una tribu de Nueva Guinea tiene por costumbre que sus varones convivan entre ellos y practiquen felaciones homosexuales porque creen que el esperma les ayuda a desarrollarse como hombres. Cuando alcanzan los diecisiete años, el 95% se casa y, después de su primer hijo, abandonan las prácticas homosexuales.

¡mitos!

Si un joven o una joven tiene cualquier tipo de contacto sexual con una persona de su mismo sexo, esto significa que es y será siempre homosexual.

La orientación del deseo sexual, hetero u homosexual, es un estado o sentimiento inamovible.

Se nace siendo homosexual, ya que la persona tiene un gen diferente a los demás.

La mujer que tiene fantasías sexuales con otras mujeres significa que le gustan las chicas y que, por tanto, es lesbiana.

¿Qué es la homofobia?

La «obsesiva aversión por los homosexuales» se llama homofobia y se manifiesta de múltiples formas: desde desprecios y burlas hasta maltratos físicos o psicológicos.

¿Por qué reaccionan muchas personas de esta forma? Una razón podría ser que todos, hombres y mujeres, necesitamos ser como la mayoría. Esto nos da seguridad porque nos sentimos amados y aceptados. Si alguien se sale de la «norma», por decirlo de alguna forma, a ciertas personas les puede dar miedo: si hay otras orientaciones sexuales ellos tienen que cuestionarse si han elegido libremente o por presiones externas. Entran en conflicto con ellos mismos, empiezan a sentirse perdidos e inseguros, reaccionando algunas personas con desprecios o agresiones hacia los que son diferentes. No es tanto un temor a que cambie su orientación sexual —aunque podría ser en algunos casos—, sino el temor a decidir lo que quieren por sí mismos en cualquier aspecto de su vida, aun a riesgo de quedarse solos con sus ideas.

Cuando un joven se da cuenta de que es homosexual puede tener fuertes sentimientos de soledad, miedo a ser descubierto, a que se le ataque o se burlen de él; además sentimientos de culpa, vergüenza o asco son también muy habituales. Algunos, ante las presiones externas y las suyas propias se ven muchas veces incapaces de hacer frente a la vida y piensan en el suicidio. Según las estadísticas, un tercio de los suicidios de adolescentes son por esta causa.

—Ana, no sé cómo decir en casa que me gustan las chicas. No puedo evitarlo, lo he intentado con chicos pero no funciona. Estoy desesperada. Pienso mucho en «desaparecer» de una vez…

Isa, 16 años

Les he dicho a mis padres, por fin, que mi «novia» se llama Paco. Han corrido lágrimas, pero ahora me siento feliz. Ya no tengo el peso de la mentira y, además, ¡me quieren igual!

Juan, 17 años

El doctor **Alfred Kinsey** explicó hace 50 años que, según su punto de vista, las palabras «gay» y «lesbiana» deberían ser meros adjetivos que calificasen la conducta sexual de una persona, y no una etiqueta. Para él, las personas pueden cambiar —y de hecho muchas lo hacen— su orientación sexual a lo largo de la vida.

Los términos «homosexual» y «lesbiana» son relativamente modernos. El primero fue sugerido en 1870 por Benkert, médico alemán. El segundo hace referencia a la isla de Lesbos (Grecia), donde vivió la poetisa Safo.

Puede que tú no sientas ninguna atracción por tu propio sexo, pero tal vez conoces a jóvenes homosexuales o incluso tengas amigos. «Los amigos intentan comprender, no juzgan» es una frase que indica la actitud de respeto y cariño que le debemos a todo el mundo y muy especial-

> Independientemente de nuestra orientación sexual, lo que no debemos pasar por alto es que ante todo somos personas con las mismas necesidades de ser amados, comprendidos, valorados y respetados.

mente a los que llamamos amigos. Con frases como «lo superarás» o «a lo mejor no lo eres» no les vas a ayudar; ellos necesitan que les ames tal y como son, como a ti te pasa en otros aspectos de tu vida.

Hay personas que nunca han dudado de su inclinación sexual y otras que en algún momento de su adolescencia se lo cuestionan. La atracción por el propio sexo es bastante habitual, sobre todo entre amigos, y generalmente no se trata de algo sexual, sino de una mezcla de cariño, admiración y fascinación por la belleza.

Aun así, ¿qué hacer si crees que en tu caso es algo más, pero no estás seguro y te sientes angustiado y confundido? En los momentos de confusión lo mejor es poder hablar con alguien que te ayude a ver hacia dónde se mueven tus deseos y sentimientos a medida que maduras. Puedes pedirle a algún adulto de tu confianza que te escuche para aclarar ideas, puedes hablarlo con amigos que hayan vivido esta misma situación y tomado una decisión, puedes hablar con tus padres si hay una buena comunicación. Debes tener en cuenta que nadie va a poder ser totalmente objetivo por mucho que se esfuercen. Si sigues muy angustiado, lo mejor es ir a la consulta de un especialista, no para que decida por ti, sino para que te ayude a averiguar lo que quieres de verdad.

Una vez que estés seguro, debes ser sincero contigo mismo y consecuente. Huir de una doble vida es una manera de respetarte y hacerte respetar.

Preguntas y respuestas

Soy gay y me siento raro. ¿Hay otros como yo?

Ser gay no es ser un bicho raro, simplemente es ser diferente a otros, igual que una persona morena es distinta a una rubia. Desde la más remota antigüedad existe la homosexualidad, y así, por ejemplo, en la Grecia clásica se tenía la idea de que el amor perfecto era el homosexual, porque, al no estar motivado por intereses como el de la procreación, era el más puro y auténtico. Muchas personas famosas y destacadas de la historia han sido gays, valgan como ejemplos el faraón Akenatón, el gran conquistador Alejandro Magno, el aventurero Lawrence de Arabia, el genial artista Miguel Ángel, el músico Tchaikovsky, la actriz Marlene Dietrich o los escritores Truman Capote, Luis Cernuda, Verlaine, Lorca, Rimbaud, Óscar Wilde, Proust…

En una pareja gay, ¿es verdad que uno hace de chico y otro de chica?

No tiene por qué. Se ha dicho muchas veces que las parejas gays repiten este estereotipo, pero cada pareja es un mundo y muchas de ellas conviven expresando masculinidad o femineidad a la vez sin que por eso se desequilibre su vida en pareja y sus afectos mutuos.

Preguntas y respuestas

¿Puedo ser homosexual y no saberlo?

Cuando un adolescente empieza a desarrollarse, normalmente empieza también a sentir atracción física y deseos sexuales hacia las personas del sexo contrario, pero algunos adolescentes sienten todo eso hacia las personas de su mismo sexo: son los homosexuales. Ser homosexual es algo muy fácil de saber, de sentir o de intuir, aunque algunos al principio intenten disimularlo ante los demás e incluso traten de ocultárselo a sí mismos por miedo a ser rechazados. Ser muy amigo de alguien, sentirte muy unido a un amigo o sentir que le quieres mucho es completamente normal, sobre todo en la adolescencia, cuando los sentimientos de amistad suelen ser muy profundos. A veces, algunos jóvenes atraviesan etapas de duda que también son normales y que simplemente tienen que ver con la acción hormonal propia del crecimiento. Si eres gay lo sabrás porque no se trata de una temporada ni de una duda: tendrás la certeza de que te gustan físicamente las personas de tu mismo sexo y sientes en cambio indiferencia sexual por las otras.

¿Qué quiere decir eso de «salir del armario»?

Cuando una persona homosexual reconoce por primera vez públicamente sin vergüenza ni miedo su orientación sexual ante sus familiares y amigos, coloquialmente se suele decir que «sale del armario». Dar este paso supone muchas veces una liberación para el homosexual porque ya no se ve obligado a fingir y puede mostrarse libremente, aunque a veces es una situación traumática, sobre todo cuando las personas que le rodean no aceptan fácilmente su condición, se asustan, se burlan o le rechazan. Si eres gay, recuerda que tienes derecho a ser como eres, que nadie es mejor o peor que tú por tener otra orientación sexual y que las personas que te quieren siempre estarán ahí para apoyarte.

¿Es más fácil tener sida si eres homosexual?

El sida es una enfermedad de transmisión sexual que puede afectar a cualquier persona que tenga actitudes de riesgo en sus relaciones, sea homosexual o heterosexual. La mejor manera de evitar el contagio es el uso de preservativo y cualquier persona que mantenga relaciones sexuales sin adoptar esta medida podría infectarse. Sin embargo, sí puede ocurrir que los adolescentes homosexuales, al no contemplar el peligro de un embarazo no deseado como en el caso de los heterosexuales, se descuiden y tiendan a veces a no usar el preservativo. Debes usarlo en tus relaciones sexuales independientemente de tu orientación sexual, no hacerlo es muy peligroso porque podrías resultar infectado con el virus más grave que existe actualmente.

¿Ser lesbiana o gay se puede heredar?

En absoluto. Está perfectamente demostrado que la orientación sexual es algo que no se puede «educar» o adquirir de los padres. Un padre gay o una madre lesbiana pueden educar a su hijo sin diferencia de los padres heterosexuales.

¿Qué hago si me da corte estar con un homosexual?

Es posible que, aunque creas ser una persona muy abierta y tolerante, cuando te enteres de que tu amigo o amiga es homosexual, sientas miedo, rechazo o simplemente malestar cuando estás con él o ella. Es normal, todas las personas necesitamos adaptarnos a las nuevas situaciones, pero debes hablar sinceramente: si le dices que para ti también es difícil pero que lo quieres intentar, todas esas incomodidades y vergüenzas se irán diluyendo, pronto ambos os acostumbraréis y vuestra relación de amistad no cambiará en nada.

LA SEXUALIDAD EN OTRAS CULTURAS

La sexualidad taoísta

Para los médicos taoístas el sexo y la salud estaban relacionados, por lo tanto la sexualidad era una rama de la medicina que ellos estudiaban concienzudamente.

La principal vía de transmisión de las enseñanzas sexuales de estos médicos fue por medio de los tratados o manuales de sexo –de más de cinco mil años de antigüedad– concebidos para orientar a las parejas para que hicieran el amor de manera placentera, armoniosa y curativa. Se les instruía sobre cómo vivir muchos años en felicidad sin que decayera el interés sexual, las diferentes posiciones para consumar el coito y la manera de tener una descendencia sana.

Los tratados abordan el tema de la sexualidad de una manera directa, sin tabúes ni prohibiciones y con un vocabulario de gran belleza y claridad como se merece este aspecto tan fundamental de nuestra vida.

La sexualidad tántrica o yóguica

El yogui puede optar por dos caminos distintos para alcanzar el amor total: uno es la vía del celibato o bramacharia donde se persigue la identificación con el amor cósmico e impersonal, y otro la vía húmeda o conyugal que añade al amor total el amor de fusión conyugal.

El arte del amor tántrico se define como el arte de la divinización de la pareja. Se compara al hombre con una vela y a la mujer con la llama: los dos constituyen un solo ser que disfruta de una sensación de complementariedad, siendo ambos, tanto hombre como mujer, penetrados y penetradores. Es una sexualidad mística en la que el hombre es pasivo y la mujer activa porque le seduce. Además ella, como sacerdotisa de la vida y poseedora del fuego, es la encargada de prenderlo y el hombre de mantenerlo.

El fin de la sexualidad yóguica es la transformación interior personal, la armonía interna, el amarse a uno mismo para poder entrar en una comunión completa –cuerpo y espíritu– de manera que, hombre y mujer, se conviertan en una misma cosa. En el encuentro sexual lo importante es la energía generada por la fusión, no la fusión en sí. Sin embargo, para que la fusión se produzca son necesarios tanto un mutuo respeto como una total aceptación. Si uno de ellos está «ausente» durante el encuentro, la fusión no se produce. Para estos amantes la infidelidad no tiene razón de ser porque cuando se hallan en plena comunión tántrica, en una mujer se encuentran todas las mujeres y en un hombre todos los hombres.

Hemos visto la sexualidad como placer, pero no debemos olvidar que la sexualidad cumple también una función reproductora. Para tener un hijo es aconsejable que hayamos madurado sexual, psicológica y emocionalmente. Significa que hemos dejado de ser los niños a los que había que cuidar, los adolescentes confusos, y que ya estamos listos para cuidar de otros. Esto no se consigue de la noche a la mañana ni tampoco hay una edad para ello. Va a depender de cómo hayamos ido evolucionando, madurando y de nuestras circunstancias económicas y sociales.

LA SEXUALIDAD COMO REPRODUCCIÓN

Es necesario, para poder cuidar a un bebé, que tengamos con qué alimentarle y darle todo lo necesario para que a su vez crezca y se desarrolle lo mejor posible.

La reproducción

Quedarse embarazada puede ser muy difícil –algunas parejas tardan años en conseguirlo– o lo más fácil del mundo, puesto que tu cuerpo está ya preparado desde el momento en que has entrado en la menarquia o principio del ciclo menstrual. Es muy importante, si no quieres quedarte embarazada, que conozcas bien cómo funciona tu aparato reproductor, cuáles son los días fértiles y qué tipo de métodos anticonceptivos te pueden interesar.

Durante el ciclo menstrual, que se repite mes tras mes, los ovarios liberan, hacia el día catorce, un óvulo que permanecerá unos días esperando, en el útero, a ser fecundado. Si un espermatozoide le alcanza durante esos días, es muy probable que se unan y se forme un embrión. Esto es lo que ocurre en líneas generales y podría parecer que basta con no tener relaciones durante los días fértiles. Como verás más adelante, hay métodos que contemplan esta posibilidad pero no son muy fiables porque el ciclo menstrual puede sufrir alteraciones: si enfermas o si estás estresada tu ciclo puede variar y ovular a los veinte días en lugar de a los catorce como era habitual en ti.

Cada año hay millones de embarazos no deseados, siendo la mayoría de adolescentes cuyas edades fluctúan entre los catorce y los diecisiete años. A pesar de la abundante información que hay sobre el tema, falsas creencias como las siguientes siguen teniendo más peso:

Yo ya sé todo lo que hay que saber de este tema.

Usar anticonceptivos es lo mismo que asesinar.

Eso no me va a pasar a mí.

No te puedes quedar embarazada si has tenido un orgasmo.

Si se hace de pie, no pasa nada.

Con la regla no se corre ningún riesgo.

La ducha vaginal previene el embarazo.

No olvides que a tu alrededor hay muchas personas que te pueden aclarar dudas: tus padres, los profesores y los médicos y psicólogos en los centros de planificación familiar.

Los métodos anticonceptivos

Los métodos anticonceptivos son aquellos métodos o productos que evitan que la mujer se quede embarazada durante la relación sexual o que el hombre vierta el semen en la vagina de la mujer directamente. Desde el momento en que tengas relaciones completas, con penetración, deberías utilizarlos, independientemente de tu edad.

Cada método actúa en uno de los diferentes procesos que intervienen en la fecundación: la ovulación, la entrada de los espermatozoides en la vagina o la nidación del huevo fecundado en el útero.

♂ Para los chicos

Los hombres tienen tres métodos anticonceptivos: el *coitus interruptus*, el preservativo y la vasectomía.

✔ El *coitus interruptus*, llamado también retirada o marcha atrás, es uno de los métodos llamados naturales. Tiene mucha aceptación por tradición y porque va ligado a la idea de virilidad que el hombre tiene que demostrar «aguante y control». Es un método muy arriesgado, responsable de muchos embarazos no deseados, y no protege de las enfermedades de transmisión sexual. Consiste en retirar el pene de la vagina cuando el hombre siente que va a eyacular. Esto no es tan fácil: la sexualidad no es algo puramente mecánico, sino que va acompañada de un fuerte componente emocional que impiden ser siempre tan «hábil». Además, antes de la eyaculación se produce una emisión de un líquido procedente de las glándulas de Cowper, que contiene algunos espermatozoides. Si el hombre no se ha retirado aún, la fecundación podría ser relativamente fácil.

✔ El **condón** o **preservativo** es un método de barrera, llamado así porque impide que los espermatozoides pasen al útero. Es una funda de látex, generalmente, que se pone en el pene cuando está erecto.

Para ti es el mejor método. Te preserva de las llamadas enfermedades de transmisión sexual si tomas la precaución de utilizar los de látex en lugar de los de piel. Además es fácil de conseguir y está al alcance de tu bolsillo.

✔ La **vasectomía** es la manera de esterilizar al hombre mediante una operación sencilla bajo anestesia local. Para ello, se practica un corte en los dos conductos deferentes de manera que, aunque tenga lugar la eyaculación, el esperma no contiene espermatozoides. Esta intervención es reversible con microcirugía, pero por ser un método anticonceptivo de mayor envergadura se suele aconsejar en los casos en los que la pareja haya renunciado a tener hijos.

LA SEXUALIDAD EN LA ADOLESCENCIA

Para las chicas

La mujer tiene a su alcance diferentes métodos de control de la natalidad que deberá elegir en función de sus necesidades personales, edad, razones biológicas e incluso médicas, por lo que conveniente que sea el ginecólogo quien te ayude a decidir por cuál de ellos optar.
Hay una gran variedad de ellos clasificados en métodos naturales, métodos hormonales, métodos de barrera y dispositivo intrauterino.

Los métodos naturales

Los métodos naturales —Ogino, Billings y el método de la temperatura— están centrados en hacer un seguimiento de los días fértiles de la mujer, con el fin de que la pareja se abstenga de tener relaciones sexuales en esos pocos días del ciclo menstrual.

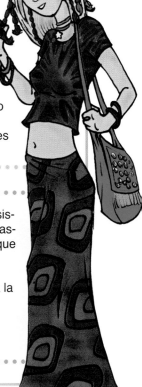

✓ El **método Ogino** sólo es útil para mujeres con ciclos muy regulares. Para saber si lo eres, tienes que hacerte un control durante doce ciclos, es decir, durante un año, lo que ya puede parecerte aburrido. A partir de ahí, si eres regular tendrás que tener en cuenta ese período de fertilidad que, en líneas generales, transcurre entre el día 9 y el 17 del ciclo menstrual. Este período se ha calculado teniendo en cuenta los siguientes datos sobre la ovulación y el tiempo que sobreviven el óvulo y el espermatozoide:

- La ovulación que tiene lugar entre el día 12 y el 17 del ciclo, generalmente el día 14.
- El espermatozoide puede sobrevivir 48 horas, por lo que habrá que evitar la relación dos días antes del período fértil. Esto nos sitúa en el día 10 del ciclo menstrual (12 menos 2).
- El óvulo puede sobrevivir 24 horas, así que hay que abstenerse un día antes (día 9 del ciclo menstrual).

✓ El **método Billings** —conocido también como el método del moco cervical— consiste en observar las variaciones de estas secreciones vaginales en color, textura y aspecto a lo largo del ciclo menstrual. Sin embargo, no hay que perder de vista que otras causas podrían estar produciendo estas alteraciones.

- Apenas secreción: días permitidos que coinciden con los días posteriores a la regla.
- Moco blanquecino y pegajoso: duración variable.
- Transparente y de textura más fluida (como la clara de huevo): etapa fértil.
- Secreción espesa, pegajosa y opaca: le sigue la menstruación.

Los métodos naturales (cont.)

✓ **Temperatura basal**

Se trata de tomar la temperatura rectal todos los días, a la misma hora, antes de levantarse y sin haber ingerido nada. Para ello se utiliza un termómetro especial –marca la temperatura en los 36 y los 38 grados– porque este método parte de la base de que a lo largo del ciclo la temperatura va variando y se va anotando en una gráfica. Uno o dos días después de la ovulación, se observará un ascenso térmico.

Ventajas y desventajas

• Su efectividad puede llegar al 94% pero si se respeta el tener relaciones sólo tres días después del ascenso térmico.

• Teniendo en cuenta que la temperatura puede alterarse por diversas causas (enfermedad, estrés...) y lo incómodo de tener que tomar la temperatura todos los días, es fácil deducir que no es un método muy práctico ni con muchas seguidoras.

Los métodos hormonales

Las hormonas –estrógeno y progesterona– se administran por medio de parches, inyecciones, píldoras o implantes para suprimir la ovulación. Su eficacia para prevenir el embarazo es muy alta, pero contra las enfermedades de transmisión sexual (ETS) es prácticamente nula.

✓ **El parche anticonceptivo** o **transdérmico** es un parche de 3,6 centímetros, de color carne, formado por tres capas que van liberando las mismas hormonas que la píldora, pero en cantidades inferiores. A partir del primer día del ciclo menstrual, este parche se adhiere sobre la piel de los glúteos, abdomen o espalda, pero nunca sobre los pechos. Se mantiene tres semanas y se va cambiando cada siete días, aunque está preparado para que no se desprenda en la ducha ni en la piscina.

Ventajas y desventajas

• Es efectivo en un 99%, además de ser cómodo y estar sujeto a menos olvidos que la píldora por su duración.

• Para la mujer obesa no es apropiado porque la grasa acumulada impide la absorción de la dosis necesaria de hormonas anticonceptivas. Perjudica, por otra parte, a las fumadoras o a las que padezcan hipertensión o enfermedades cardíacas.

Los métodos hormonales (cont.)

✓ **La píldora**. La píldora –que puedes comprar en la farmacia– es un método oral que interrumpe la ovulación. De esta forma el cuerpo reacciona como si estuvieras embarazada, por lo que los efectos secundarios son parecidos, al principio, a los del embarazo.

Como hay diferentes tipos de píldoras, lo más conveniente es que visites al ginecólogo antes de optar por este método y, una vez que empieces a tomarla, no debes olvidar ir a tus revisiones y seguir las recomendaciones de tu médico.

Ventajas y desventajas
- Es segura en un 99,5%, si no olvidas tomarla todos los días, tengas o no relaciones sexuales.
- No conviene usar la píldora antes de los 16 años, y es muy importante que sepas que fumar y tomar la píldora te va a perjudicar doblemente.

✓ **La píldora del día siguiente**

Esta píldora se usa especialmente en casos de violación o fallo en el método de protección (rotura del preservativo, por ejemplo), y para obtenerla tendrías que ir a un centro sanitario.

Se trata de un preparado hormonal que afecta al endometrio –membrana mucosa de la cavidad intrauterina– e impide que el óvulo fecundado anide en él. Se puede tomar dos a tres días, como mucho, después del coito y conviene que sea bajo vigilancia médica porque sus efectos son muy desagradables y duran días.

NO ES UN MÉTODO ANTICONCEPTIVO RUTINARIO, SINO PARA CASOS DE URGENCIA

✓ **Inyectables**

El médico te pone una inyección progestina –progesterona sintética– para que no ovules durante dos o tres meses, interrumpiendo de esta forma el ciclo menstrual.

Ventajas y desventajas
- Es un anticonceptivo eficaz, pero cuando se deja, el ciclo menstrual puede tardar en recuperar su normalidad hasta 18 meses.
- El aumento de peso, acné, depresión, falta de apetito sexual y numerosos trastornos del período menstrual son sus principales efectos negativos.

✓ **Implantes**

Es un nuevo método de control de la natalidad que consiste en insertar bajo la piel de la parte alta del brazo unos tubos pequeños de hormonas sintéticas –progesterona– que impide el encuentro entre el óvulo y los espermatozoides. Una vez retirados, se recupera la fertilidad en dos o tres meses.

Ventajas y desventajas
- Su eficacia es muy alta: un 99% pero no tiene ninguna ante las ETS.
- Dura hasta cinco años, lo que deja un margen de tranquilidad y despreocupación para la pareja si todo va bien, aunque durante este tiempo la mujer debe asistir a revisiones periódicas.
- Los riesgos son los mismos que en el caso de la inyección: alteración de los períodos, dolor en los pechos y aumento de peso. Se corre también el riesgo de olvidar retirarlos pasado el tiempo aconsejado.

Los métodos de barrera

Son aquellos que bloquean la entrada de los espermatozoides al útero. Reducen el riesgo de contraer una enfermedad de transmisión sexual (ETS) si van acompañados de espermicida.

✔ El diafragma

Es una especie de disco, con un fondo de goma blanda, que se coloca en el cuello del útero para evitar que el esperma alcance el cuello uterino. Se sujeta con los mismos músculos de la vagina y su colocación no es difícil aunque requiere cierta práctica al principio. Se puede encontrar en la farmacia pero, como los hay de diferentes tamaños, es necesario ir al médico para que tome la medida exacta e instruya sobre su colocación.

Ventajas y desventajas:
- Su eficacia es de un 90%, si va acompañado de un espermicida en forma de gel, espuma, crema o supositorios que la mujer debe aplicar en el interior del diafragma y sobre los bordes antes de colocarlo.
- Entre sus ventajas están que no tienes que pararte a mitad de la relación sexual, ya que se puede poner unas horas antes y que, al no contener ninguna sustancia que altere el funcionamiento del cuerpo, lo vas a usar con mayor tranquilidad.
- Por otro lado, además de la dificultad de insertarlo, a algunas mujeres les resulta desagradable porque hay que introducir el dedo en la vagina.
- Causa, a veces, cistitis e inflamación del tracto urinario en la mujer, y tanto en ella como en el hombre el espermicida puede producir irritaciones.
- No olvides que es necesario dejarlo unas ocho horas después del coito, y si mientras tanto se tienen nuevas relaciones sexuales, es imprescindible poner de nuevo espermicida.

✔ El capuchón

Es una variable del diafragma, de tamaño más pequeño y que se ajusta por ello mejor al cuello uterino. También hay diferentes tallas, por lo que el médico te tendría que dar la apropiada para ti.

Ventajas y desventajas
- Es cómodo, ya que se puede dejar puesto durante dos días aunque no hay que olvidar aplicar espermicida en cada nueva relación sexual.
- En realidad tiene las mismas ventajas e inconvenientes que el diafragma, aunque el capuchón, por su tamaño, puede resultar más complicado de poner y quitar.

✔ El preservativo femenino

Es una especie de tubo con un anillo en cada extremo, de diferente tamaño y funciona como el preservativo masculino: evitando que el semen entre en la vagina.

Ventajas y desventajas
- Te lo puedes poner antes de iniciar la relación sexual, por lo que no hay las molestas interrupciones. Protege más que el condón de las ETS y del herpes genital.
- Algunas parejas dicen que les resulta incómodo, ruidoso y antiestético, ya que recubre la parte externa de la zona genital.

Los métodos de barrera (cont.)

✓ La esponja vaginal

Es un disco cilíndrico desechable e impregnado en espermicida, llamado también tampón, que se coloca al fondo de la vagina. Actúa absorbiendo, reteniendo y matando los espermatozoides.

Ventajas y desventajas

- La puedes adquirir en una farmacia y no requiere ninguna manipulación especial para colocarla. Protege durante 24 horas y no es necesario que añadas espermicida cada vez que tengas un contacto sexual, y para extraerla basta con tirar de una cinta adherida a la esponja, lo que a veces resulta dificultoso si se da la vuelta.

✓ Los espermicidas

Son cremas, gelatinas, espumas o supositorios –de venta en farmacias– que contienen sustancias químicas especiales para destruir el esperma y además los gérmenes que causan las ETS, aunque ya sabes que éstas se pueden contagiar por otras vías como son los flujos y la piel.

Ventajas y desventajas

- Potencian los métodos de barrera, en particular el condón, cuando se usan a la vez.
- Pueden producir alergias, infecciones vaginales y hongos.

✓ Ligadura de trompas

Es el método de esterilización para la mujer, y se trata de una operación de envergadura que se realiza bajo anestesia general, en la que se obstruyen las trompas de Falopio para impedir que se unan el óvulo y los espermatozoides.
Es un método eficaz, aunque por su carácter permanente, conviene más bien para aquellas parejas que hayan renunciado a tener hijos.

DIU

Son las siglas de dispositivo intrauterino. Este es un pequeño objeto de plástico en forma de T con un hilo de metal (cobre, plata) alrededor que destruye los espermatozoides. El médico se encarga de introducirlo en el útero, durante la menstruación, ya que es cuando éste se encuentra más dilatado y además se tiene la garantía de que la mujer no está embarazada, pues de lo contrario se provocaría un aborto.

Ventajas y desventajas

- Es eficaz y cómodo, dura entre 2 y 4 años, aunque se deben pasar controles médicos regularmente.
- Puede hacer que aumente el flujo menstrual, provocar esterilidad y enfermedad pélvica inflamatoria.

NO ES ACONSEJABLE PARA LAS ADOLESCENTES

¿Cuál es el mejor método anticonceptivo para las adolescentes?

Todo va a depender de la frecuencia con que tengáis relaciones sexuales. Si son esporádicas, lo mejor es el preservativo masculino y en caso de que sean más regulares, el método más seguro es la píldora, aunque conviene que sea tu ginecólogo quien te aconseje para que puedas decidir el mejor para ti.

¡dato!

Los métodos más utilizados en España son el coitus interruptus, el preservativo (utilizado por el 70% de los que utilizan algún método) y la píldora.

Signos del embarazo

Si a pesar de las precauciones te quedas embarazada, ¿qué puedes hacer? En primer lugar debes saber cuáles son los signos del embarazo. Éstos pueden variar de una mujer a otra –hay quien tiene algún signo, otras ninguno y aun otras todos–. Además, puede confundirse con las molestias premenstrual por su parecido con ellas.

Para salir de dudas, lo mejor es que te hagas la prueba del embarazo. Puedes ir a la farmacia y comprar una prueba que haces tú misma en casa, con la ventaja de tener el resultado en poco tiempo, aunque es cara y está sujeta a errores, u optar por ir a tu médico, quien te mandará un análisis de sangre y de orina.

A veces, la regla no baja porque se está con estrés: vas a salir de viaje, tienes exámenes o cualquier otra cosa que te produzca ansiedad como ¡el retraso de la regla! Si consigues relajarte, verás cómo no tarda en bajar. Además, las gripes u otras enfermedades o los bajones de peso pueden igualmente retrasarla.

Si estuvieras embarazada, hay muchas cosas que vas a tener que plantearte. Lo primero es que un embarazo no se puede ocultar, e independiente-

EL EMBARAZO

Signos del embarazo

✓ Tienes una falta en la regla.
✓ Tus pechos están hinchados y doloridos.
✓ Te sientes descompuesta, mareada, con náuseas, sobre todo por la mañana.
✓ Necesitas ir al baño más de lo habitual.
✓ Manchas las braguitas con unas secreciones de color oscuro.
✓ Te vienen frecuentes cambios de humor y tienes el apetito alterado.

mente de que decidas tener al bebé o no, debes hablarlo con tus padres. Ellos pueden ayudarte y seguro que pasada la primera impresión, estarán deseosos de hacerlo. Si no te atreves, confíate a una persona adulta que te ayude a ver las diferentes posibilidades y que te acompañe a un centro de planificación de la fertilidad, pero no trates de solucionarlo tú sola.

Qué hacer en caso de embarazo no deseado

Quedarse embarazada en la adolescencia pocas veces se vive con ilusión. Si además, ha sido consecuencia de una violación, el rechazo al hijo y el deseo de abortarlo se incrementa. En el siguiente recuadro hemos recogido los temores más frecuentes que las jóvenes experimentan.

- ✔ Miedo a los padres: a defraudarles, que se enfaden, que la echen de casa.
- ✔ Miedo al futuro: no poder terminar los estudios, tener que cuidar sola al bebé.
- ✔ Miedo a las responsabilidades.
- ✔ Miedo al sufrimiento del parto.
- ✔ Miedo a morir durante el parto o después.

Las soluciones para un embarazo no deseado son básicamente tres: abortar, tener al hijo y quedarse con él o darlo en adopción. Esta última se contempla pocas veces como posibilidad, sin embargo, podría ser una manera de aliviar los sentimientos de culpa que suelen venir con el paso del tiempo.

¿Qué es el aborto?

El aborto es la interrupción del embarazo. A veces se produce de forma involuntaria, tras un accidente, una malformación del feto, una enfermedad de la madre; otras, la mujer aborta de for-

¡dato!

Todos los años se producen en el mundo de 35 a 53 millones de abortos, de los cuales de 15 a 22 son clandestinos.

En la **antigua Roma** se practicaba el aborto con instrumentos quirúrgicos, ocasionando la muerte de muchas mujeres, según describe Ovidio.

Otros métodos abortivos consistían en la realización de movimientos bruscos, como recomendaba el propio Hipócrates, así como la utilización de ciertas plantas.

Los **griegos** autorizaban el aborto de los fetos varones hasta los 40 días y de las niñas hasta los 80 días.

ma voluntaria sometiéndose a veces a prácticas ilegales si en su país no está permitido, o en una clínica con autorización del médico si está legalizado. La Interrupción Voluntaria del Embarazo (IVE) es motivo de muchas discusiones, ya que hay personas que por razones religiosas o éticas piensan que es atentar contra la vida de un ser humano, mientras que para otras es sólo una forma de ejercer el derecho a decidir lo mejor para ellas.

El aborto ya se practicaba en sociedades antiguas –de formas muy parecidas a las actuales– y solía estar penalizado, aunque de forma arbitraria, siguiendo los intereses sociales y económicos de los diferentes países.

La interrupción del embarazo es una operación que debe ser realizada siempre por médicos y en un hospital porque, como toda operación, conlleva sus riesgos. Aunque la mujer desee el aborto, no deja de ser una experiencia dolorosa y muchas viven siempre con el remordimiento de no haber tenido el hijo. Este es un factor que hay que tener en cuenta a la hora de decidir.

La forma de practicarlo es aspirar o raspar el contenido del útero –el feto– cuando es un embarazo de poco tiempo. Si se trata de un embarazo avanzado, se provoca el parto por medio de drogas. Considerar si el feto es o no un ser humano es uno de los puntos de disputa entre las personas que están a favor y las que están en contra del aborto.

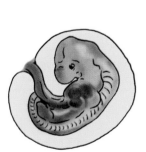 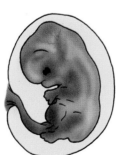 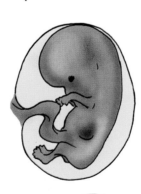

La ley y el aborto

En España el aborto es legal, desde 1985, en tres casos:

✓ Violación (si el aborto se realiza dentro de las doce primeras semanas de gestación).

✓ Riesgo para la vida o la salud física o mental de la mujer.

✓ Malformaciones físicas o mentales del feto (dentro de las veintidós primeras semanas de gestación).

La decisión de abortar debe tomarse con calma, teniendo en cuenta tanto las repercusiones físicas como psicológicas, presentes y futuras, de la madre y del hijo. Si el padre se involucra, también hay que tener en cuenta sus sentimientos.

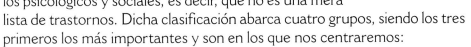

LOS TRASTORNOS SEXUALES

La Asociación Psiquiátrica Americana (APA), por la que se rigen la mayoría de los psiquiatras de todo el mundo, ha llevado a cabo diversas clasificaciones de los trastornos sexuales en su *Manual de Trastornos Mentales*. La última aborda este tema teniendo en cuenta tanto los factores biológicos, como los psicológicos y sociales, es decir, que no es una mera lista de trastornos. Dicha clasificación abarca cuatro grupos, siendo los tres primeros los más importantes y son en los que nos centraremos:

- ✓ Los trastornos de la identidad sexual.
- ✓ Las disfunciones sexuales.
- ✓ Las parafilias o desviaciones sexuales.
- ✓ Trastornos sexuales no especificados.

Trastornos de la identidad de género

En sexología, cuando se habla de identidad sexual se hace referencia a cómo se identifica una persona con uno u otro sexo. Se suelen incluir tres facetas: la **identidad de género** o la percepción que tenemos de ser hombre o mujer, el **rol sexual** o forma pública de presentar nuestra identidad de género, y la **orientación sexual** o elección de objeto sexual.

Trastorno de la identidad sexual en la niñez

Es un trastorno poco común que se suele dar antes de los seis años, siendo más frecuente en niños que en niñas. Lo más destacable de este trastorno es el malestar que sienten al verse «encasillados» en un rol sexual que detestan. Son niños inadaptados, que rechazan seguir las normas sociales de comportamiento pertenecientes a su sexo anatómico.

Se sienten más identificados con el rol contrario, de ahí que los niños varones –bastante femeninos en general– manifiestan horror y desagrado por sus órganos sexuales, por la ropa que les ponen, les gusta jugar a los juegos típicos de las niñas adoptando los roles femeninos: ser mamás y cuidar del bebé. En cuanto a las niñas –bastante masculinas–, también expresan su aversión por vestirse como niñas, no quieren orinar sentadas, fantasean con tener un pene o lo fingen utilizando diversos objetos.

Según los estudios llevados a cabo, de estos niños sólo unos cuantos casos terminarán siendo transexuales y un número mayor será en el futuro homosexual.

Transexualismo

Los transexuales son hombres o mujeres que no se identifican con su anatomía externa, es decir, se sienten del sexo contrario.

Con frecuencia se someten a tratamientos hormonales y/o a múltiples y complicadas operaciones para cambiar de sexo. La mayoría relata cómo desde pequeños se sentían despreciados y rechazados por los demás niños, teniendo muchas veces el sentimiento de estar como «atrapados» en su propio cuerpo.

Gran parte de los transexuales masculinos tienen una orientación homosexual, pero un pequeño porcentaje –25%– se siente atraído por las mujeres y aun cuando llegan a transformarse en mujeres, tras múltiples operaciones, buscan relaciones sexuales con el sexo femenino.

Algunos autores sostienen que este trastorno va a veces ligado a trastornos de la personalidad, al abuso de sustancias o a conductas autodestructivas o suicidas. Sin embargo, son datos que hay que manejar con prudencia porque en cada caso hay que tener otros muchos factores en cuenta antes de diagnosticar.

Trastorno de la identidad sexual en la adolescencia o en la vida adulta, de tipo no transexual

Esta otra clasificación recoge aquellos casos más tardíos, ya que se inician en la adolescencia o edad adulta. No son muy frecuentes, destacándose en este trastorno que el individuo, a pesar de desear adoptar el rol del otro género por medio de la ropa (transvestismo), no siente la necesidad de cambiar su sexo por medio de tratamientos u operaciones.

Trastorno de la identidad sexual no identificada

Este grupo abarca aquellos casos que no pueden ser clasificados con un trastorno específico de la identidad sexual, como los recogidos en los puntos anteriores.

Las disfunciones sexuales

Una **disfunción sexual** es un trastorno en alguna fase (o en todas) de la respuesta sexual –deseo, excitación, meseta u orgasmo–. El problema puede ser fisiológico o psicológico, pero siempre implica la dificultad de alcanzar el placer sexual de forma total o parcial.

Deseo sexual inhibido (DSI)

La persona –generalmente la mujer– no tiene interés por la sexualidad: no le apetece el encuentro sexual, no tiene fantasías eróticas, no se masturba, no se siente atraída por otras personas, incluso puede llegar a aborrecer el sexo. Hay diferentes grados: desde la persona que aun sin tener apetencia sexual responde a las caricias de su pareja, consigue excitarse y llegar al orgasmo, hasta aquella que no soporta ni tan siquiera que se le acerquen. Por todos estos síntomas, a este trastorno se le denomina también «apatía sexual» o «falta de deseo sexual». Es la causa principal de consulta, seguida de la falta de orgasmo en la mujer.

Existen diversas enfermedades que pueden desencadenar este trastorno, como la diabetes; además, el consumo de ciertas sustancias como antidepresivos, alcohol, opiáceos o, ya en el plano psicológico, asuntos como un bajo nivel de autoestima, un pobre concepto de la imagen corporal o ansiedad pueden igualmente disminuir el deseo sexual.

Sin embargo, lo más probable es que haya aparecido a partir de experiencias negativas como impotencia o anorgasmia –falta de orgasmo–, desarrollándose y manteniéndose posteriormente por estados de ansiedad y falta de confianza de la persona en sí misma.

Trastorno de la excitación sexual

En este caso, en la mujer se pueden dar dos situaciones: bien siente –aspecto subjetivo– que no alcanza la excitación sexual, ni obtiene placer, bien encuentra dificultad en mantener la excitación ya que su vagina no se lubrica lo suficiente –aspecto objetivo–. En el hombre sucede algo parecido: puede no sentir excitación ni placer, o puede que se trate de la incapacidad de obtener o mantener la erección hasta el final de la relación sexual. Normalmente este trastorno recibe el nombre de **impotencia**. No es común en adolescentes, sino que se da más bien a partir de los cincuenta años. Las causas pueden estar relacionadas –entre otras cosas– con el alcohol, el riego sanguíneo del pene, lesiones de la médula espinal, la falta de hormonas sexuales masculinas o causas psicológicas como la ansiedad, depresión o problemas de pareja.

Anorgasmia

En la mujer se llama **anorgasmia** y se trata de la ausencia o retraso en alcanzar el orgasmo cuando ha habido una fase normal de excitación y una estimulación adecuada. Se da con bastante frecuencia y es la segunda causa de consulta, después del deseo sexual inhibido.

Entre las causas orgánicas están la diabetes, los trastornos neurológicos, las lesiones o el consumo de alcohol y tranquilizantes. Sin embargo, en el origen de la anorgasmia tienen más peso las causas psicológicas. No es raro, pues, que se dé en mujeres educadas de forma puritana, en ambientes muy rígidos moralmente y que han recibido poca información sexual; también son frecuentes los casos de anorgasmia en mujeres que han tenido alguna experiencia traumática como abusos sexuales o violaciones.

¡mito!

La mujer anorgásmica es frígida.

Eyaculación precoz

Es el trastorno sexual más común en el hombre. Se trata de la dificultad de éste para controlar la salida del semen, de manera que eyacula de forma rápida, apenas entra en la vagina o en cuanto se excita.

Sus causas orgánicas pueden ser enfermedades como la prostatitis o la esclerosis múltiple aunque lo más habitual es que sea una conducta que se ha adquirido tras encuentros sexuales bajo fuerte ansiedad –prisas por dejar el lugar donde se realiza el coito, miedo a ser sorprendido, etc.–, o falta de confianza en sí mismo.

Coito doloroso o dispareunia

Afecta a los dos sexos, aunque suele ser más habitual en la mujer. El dolor suele aparecer antes, durante o después del coito. En el hombre se fija en el pene, los testículos o los órganos internos al eyacular. La mujer siente dolor –escozor, ardor, contracción o dolor punzante– al ser penetrada. Es un dolor **persistente y recurrente** –en las zonas vaginal, pélvica o abdominal–. Puede originarse por causas orgánicas como deformaciones de la vagina, del útero o de otras zonas del aparato genital.

Actualmente se le está dando gran importancia a las causas psicológicas que giran en torno a una mala educación sexual, poca información, miedo a las relaciones sexuales, anteriores relaciones traumáticas, etc.

Vaginismo

El vaginismo es un espasmo reflejo en el momento de realizar el coito, que origina a su vez una contracción en los músculos de la entrada de la vagina, cerrándose el orificio vaginal. Los músculos de los muslos pueden contraerse igualmente haciéndose muy dificultosa la separación de las piernas; la penetración resulta, pues, imposible e incluso dolorosa si se fuerza. Estos mismos espasmos se pueden producir cuando la mujer intenta ponerse tampones, diafragmas o ser examinada por el ginecólogo.

A pesar de estos problemas, el vaginismo no impide que la persona se excite durante el encuentro sexual, disfrute de caricias genitales y alcance el orgasmo –siempre y cuando el hombre no intente introducir el dedo en su vagina.

Las causas orgánicas principales pueden ser:

✓ enfermedad ovárica,
✓ atrofia vaginal,
✓ himen rígido,
✓ estreñimiento crónico e infecciones vaginales repetidas o heridas que hayan dejado cicatrices dolorosas.

Y de nuevo, la ansiedad, las experiencias negativas o la información errónea y rígida van a contribuir de forma relevante a este trastorno.

Parafilias

La palabra parafilia procede de la palabra griega *pará* –acerca de– y *philein* –amor–. Hasta hace unos años, se consideraban parafilias cualquier actividad sexual fuera del coito vaginal, por lo que prácticas como la homosexualidad, la masturbación o el transexualismo estaban recogidas en la clasificación que hacía la Asociación Psiquiátrica Americana en su *Manual de Trastornos Mentales*, mencionado en la página 81.

Actualmente, sólo se considera que una conducta es parafílica si el individuo necesita para excitarse sexualmente, de forma obsesiva y recurrente:

✓ objetos o partes de un ser humano;
✓ niños o personas que no consienten;
✓ conducta que cause sufrimiento o humillación a sí mismo o a su pareja.

Según los estudios realizados, los hombres son mucho más tendentes a las parafilias que las mujeres. Este hecho se podría explicar –según dichos estudios– por su naturaleza más agresiva y su mayor impulso sexual.

Fetichismo

Es la parafilia menos perturbadora ya que no viola las libertades o derechos del otro. Se da mayoritariamente entre varones heterosexuales. Los objetos que el fetichista necesita para excitarse son variados: ropa interior femenina, zapatos de tacón alto, botas de caucho o cuero, pañales, biberones, etc. Es decir, cualquier cosa que la persona tenga asociada a la excitación sexual. Mientras los sostiene, toca o huele suele masturbarse, siendo la forma principal que el fetichista tiene de obtener placer sexual.

Fetichismo travestista

El travestido utiliza vestidos del otro sexo para estimularse sexualmente. Es propio de los varones heterosexuales y muy pocos se reconocen homosexuales.

Hay que distinguirlos de los **transexuales** –hombres que además de vestirse como mujeres se sienten como tales–, de los **travestís artistas** –que lo hacen como profesión– o de algunos **homosexuales** que se dedican a la prostitución y se disfrazan de mujer para atraer a una clientela heterosexual.

¡mito!

Los travestidos son siempre homosexuales.

Sadismo y masoquismo

El sádico alcanza la satisfacción sexual dañando de alguna manera, física o psicológicamente, a otra persona, ya que su placer radica en ver el sufrimiento de su víctima. Hay distintas formas y grados de ocasionar el daño: desde golpes, latigazos, ligaduras, quemaduras, cortes, mutilaciones de los genitales o pechos, hasta el crimen sexual.

El masoquista, por el contrario, dirige su agresión hacia sí mismo, buscando ser humillado, atacado, maltratado, etc., siendo la parafilia más frecuente en la mujer.

A veces, estas dos conductas se dan juntas y se habla de **sadomasoquismo**, que puede igualmente consistir en golpes, latigazos, ligaduras o semiestrangulaciones entre otras muchas, pero disfrutando en este caso ambos miembros de la pareja.

Zoofilia

Es una parafilia frecuente en zonas rurales aisladas que consiste en tener prácticas sexuales con animales. Es posible que su origen esté en antiguos ritos de iniciación como el de la derecha, pero hoy día, tras la zoofilia se hallan personas con fuertes trastornos emocionales incapaces de mantener un intercambio sexual con un igual.

¡costumbre!

Los yoruba de Nigeria, en el pasado, tenían por costumbre que un joven cazador copulara con un antílope que había matado.

Necrofilia

Es un trastorno poco frecuente en el que el sujeto abusa sexualmente de un cuerpo muerto. De vez en cuando salta en las noticias algún suceso de necrofilia que excita la morbosidad de la opinión pública; sin embargo, hay que reflexionar sobre el terrible desajuste emocional de estas personas que sólo pueden obtener placer con un ser sin vida.

Coprofilia, urofilia, clismafilia

Estas tres parafilias están relacionadas con la eliminación del cuerpo del excremento u orín. La coprofilia es el placer sexual obtenido por medio de los excrementos, la urofilia por la orina y la clismafilia con la aplicación de enemas.

Troilismo

Consiste en observar cómo el compañero o compañera realiza el acto sexual con otra persona o la variante de dos parejas que practican el sexo simultáneamente.

Saliromanía

Esta parafilia se caracteriza por la necesidad de atentar contra el cuerpo o ropas de una mujer ensuciándolo o deteriorándolo por medio de productos –tinta, por ejemplo– o cortando su vestimenta. También puede ensañarse con representaciones femeninas en estatuas o pinturas desfigurándolas y dañándolas de múltiples formas.

Escatología telefónica

El sujeto suele masturbarse mientras dirige a sus víctimas todo tipo de ofensas, insultos y obscenidades por teléfono.

Voyeurismo

En este caso el sujeto –varón heterosexual generalmente– se excita a través de la observación, a escondidas, de conductas sexuales o cuerpos desnudos. En ningún momento pretende «ligar» con esas personas, ni tan siquiera acercarse a ellas, sino sólo mirarlas para lo que utiliza muchas veces artilugios como prismáticos, telescopios, etc., corriendo muchas veces riesgos que incrementan su excitación. Suelen masturbarse mientras tanto y confiesan no poder controlarse porque en muchos casos –los más graves– es la única forma de sexualidad que tienen. Los estudios llevados a cabo sobre la personalidad del *voyeur* coinciden en señalar que de adolescentes fueron jóvenes tímidos, con gran dificultad para entablar y mantener relaciones heterosexuales.

Frotteurismo

Los *frotteurs* son individuos que se excitan tocando, a jóvenes desconocidas, diferentes partes del cuerpo –pechos y nalgas en particular– o frotándose los genitales contra ellas. Eligen, generalmente, lugares muy concurridos y cerrados como el metro, el autobús, los conciertos de *rock*, las colas para entrar en algún espectáculo, etc. El fin de esta conducta no es iniciar, tampoco, relación alguna con la persona elegida, sino excitarse y masturbarse más tarde, cuando recuerde la situación.

En la mayoría de los casos, el *frotteur* es un adolescente que adquiere este comportamiento por imitación de dicha conducta en otros, y transcurrido el tiempo la abandona.

Exhibicionismo

El exhibicionista –casi de forma exclusiva varón heterosexual, aunque se ha dado algún caso de mujer exhibiendo sus pechos y sexo mientras conducía– necesita mostrar sus genitales a jóvenes desconocidas, en lugares públicos y solitarios. No suelen atacar a sus víctimas, pero son denunciados frecuentemente, por lo que se ven envueltos en problemas con la justicia. A menudo empiezan en la adolescencia, y han sido descritos como personas tímidas, dependientes y con problemas para relacionarse.

Acoso sexual

Por acoso sexual entendemos cualquier actitud sexual de parte de alguien –el acosador, generalmente varón– que se dirige a su víctima con palabras obscenas, rozamientos, insistentes invitaciones o amenazas si no se accede a sus deseos. Suele ocurrir muy frecuentemente en lugares de estudio –el colegio, el instituto, la universidad– o de trabajo por parte de hombres –o de mujeres– que tienen un puesto de poder y se creen con derechos sobre la persona acosada.

Pedofilia

Se trata de conductas sexuales entre un niño y un adulto. Éstas pueden ser simples exhibiciones o masturbación delante del niño o pasar ya al contacto sexual por medio de besos, caricias, penetración anal o vaginal. El adulto tiene que tener al menos dieciséis años y cinco años más que el menor para que se considere un caso de pedofilia. Generalmente es un varón, heterosexual u homosexual, cercano al niño (familiar, vecino, amigo de la familia) que se gana la simpatía y confianza de éste con regalos y juegos. En la pedofilia no suele haber violencia sexual.

Incesto

Esta palabra procede del latín *incestus* que significa «impuro», «mancillado». Son conductas sexuales entre miembros de la misma familia: hermanos, abuelos, tíos, primos, padrastros y padres. La mayoría de los casos no se denuncian, ya que la víctima tiene miedo a perder el cariño de la persona que comete el incesto o a que no se le crea.

La relación incestuosa suele iniciarse por medio de juegos, besos, caricias y tocamientos. En algunos casos se limita a esto y no lle-

ga a haber violencia ni resistencia por parte del niño o adolescente. Otras veces, el incesto se produce una sola vez, no volviéndose a repetir por el profundo sentimiento de culpa que ha generado en el adulto. En otras ocasiones, se usa la fuerza o el chantaje con frases como «no se lo digas a nadie o te doy una paliza», «este es nuestro secreto y si lo cuentas dejaré de confiar en ti». Hay muchas **falsas creencias** entorno a este tema que dificulta el que se denuncie:

¡dato!

En occidente la forma de incesto más extendida es la de padre-hija.

✓ El incesto sólo se da en familias pobres porque no tienen cultura.
✓ Los abusos sexuales de niños y adolescentes siempre se llevan a cabo por desconocidos; nunca por familiares y amigos.

✓ El padre que comete incesto lo hace porque tiene una fijación sexual por los niños.
✓ La mayoría de los niños que dicen haber sufrido abusos sexuales de parte del padre se lo inventan.

Es necesario tener muy claro que el incesto se da en todo tipo de familias. El adulto se puede comportar de manera muy «normal» en sus otras relaciones afectivas, pero esa no es razón para dudar del niño que dice ser molestado por alguien. En realidad los niños muy rara vez inventan hechos tan traumáticos y muchas veces los ocultan durante años. Si finalmente se deciden a contarlo, hay que creerles y apoyarles para no añadir más dolor.

Las secuelas del incesto son numerosas: trastornos de la alimentación, baja autoestima, depresiones, abuso del alcohol y de las drogas, tendencia al suicidio, así como problemas en la sexualidad, ya de adultos. Algunas personas perdonan y olvidan por sí solas y otras necesitan la ayuda de especialistas para poder superar el daño.

¿Qué hacer si eres víctima del incesto?

Es muy importante que lo hables con una persona de tu confianza, familiar o amigo, para que te liberes de todo ese peso y para que te ayude a dar fin a la situación. La visita a un especialista y los grupos de apoyo, donde te vas a encontrar con personas que han sufrido como tú, te serán de gran ayuda.

Tal vez no eres víctima, pero sí has presenciado el incesto. Aunque te dé vergüenza y miedo, debes denunciarlo a algún familiar para evitar daños mayores.

Violación

Hablamos de violación cuando una persona de cualquier sexo o edad es **forzada** a mantener relaciones sexuales, por lo tanto contra su voluntad. A veces son desconocidos que acechan a la persona, pero muy frecuentemente son amigos, familiares, vecinos, compañeros de trabajo o cualquier otra persona del entorno de la víctima que tiene ya ganada la confianza de ésta.

Los violadores no tienen un perfil social que les caracterice. Suelen ser varones, tanto jóvenes como mayores, de cualquier clase social o profesión. Psicológicamente, y a grandes rasgos, son personas muy inseguras y con fuertes trastornos de la personalidad.

¿Qué hacer en caso de violación?

Los especialistas suelen aconsejar que no se le oponga resistencia al violador, excepto si se conoce muy bien alguna técnica de defensa personal. Más bien nuestra actitud debería ser o disuasoria, diciéndole que se padece alguna una enfermedad sexual –por ejemplo– o intentar ahuyentarle gritando. Si la vida peligra, es mejor no oponer resistencia por muy terrible que resulte la situación.

Tras la violación se debe acudir, de inmediato, sin lavarse ni quitarse la ropa, a un centro sanitario, acompañada por algún familiar o amigo. El apoyo de tus seres queridos es muy importante en estos momentos. Una vez realizada la exploración médica, tienes que solicitar un certificado que ratifique la violación, pruebas de SIDA, hepatitis B, la píldora del día siguiente o alguna medicación por si hubiera habido algún contagio sexual.

A continuación, siempre acompañada, debes acudir a la Comisaría de policía más cercana para interponer la denuncia.

No debes pasar por alto este tipo de ataques, por mucha vergüenza o miedo que te dé. Si lo haces, tú no te vas a sentir mejor, y el violador seguirá agrediendo a otras personas.

Falsas creencias, como las que aparecen en los recuadros, que se pueden oír hasta en boca de las personas encargadas de proteger de estos delitos –policías, jueces…–, retienen a muchas mujeres de denunciar los hechos.

Más tarde es conveniente solicitar una ayuda psicológica para evitar posteriores sentimientos de culpa, siendo muy efectivas las terapias de grupo donde las víctimas pueden expresar sus sentimientos ante personas que han sufrido como ellas.

Pornografía

Hoy día, el mercado pornográfico capta clientes a través de todos los medios posibles de comunicación: revistas, libros, vídeos, cine, espectáculos o Internet. El objetivo de la persona que se interesa por este tipo de material es el mismo que en los casos anteriores de parafilias: alcanzar la excitación sexual viendo, oyendo o leyendo cómo tienen relaciones sexuales otros adultos en una historia inventada para estos fines. El objetivo de las empresas de pornografía: acumular grandes cantidades de dinero a costa de las necesidades de las personas que, no pocas veces, padecen problemas sexuales o afectivos y los sofocan de esta manera.

La palabra pornografía procede de los términos griegos «porne» (prostituta) y «grafo» (escribir), y hacía referencia a todos aquellos escritos que describían las prácticas sexuales de las prostitutas.

El material pornográfico, demasiadas veces, presenta escenas de violaciones o sadomasoquismo, entre otras conductas que están consideradas desviaciones sexuales.

¿La pornografía puede alterar la conducta sexual del espectador?

Si el material contiene escenas de sexo violentas y humillantes, el observador terminará insensibilizándose y creyendo que todo es lícito.

Sin embargo, es cierto que existe otro tipo de pornografía donde se presentan escenas eróticas en la que los personajes se muestran de común acuerdo y manifiestan placer. En estos casos la conducta no se verá afectada de igual forma, pero no deja de ser una ficción que desvirtúa lo que ocurre en la realidad. De ahí que —según las encuestas— las personas prefieran a la larga las prácticas sexuales convencionales, ya que terminan saciándose de unos encuentros sexuales mecánicos que nunca podrán captar el aspecto psíquico de una relación no fingida.

¿En qué se diferencia lo erótico de lo pornográfico?

La línea que separa a ambos es muy tenue, pero se podría decir que una obra erótica se complace más en la estética del acto sexual, utilizando primeros planos de los rostros o las manos, y se reserva información visual para que el espectador o lector deje correr su imaginación. Las escenas pornográficas suelen ser muy explícitas, burdas, mecánicas y muchas veces violentas. Aún así serán la época y la sociedad quienes vayan determinando lo que caracteriza y diferencia a un concepto de otro.

Cibersexo

OTRAS PRÁCTICAS SEXUALES

Esta nueva modalidad de obtener placer sexual está de moda. Entrar en Internet, chatear un rato y terminar «haciendo el amor virtual» –fantasías y masturbación– a través de la red, puede calmar tensiones temporalmente, pero no pueden sustituir el calor de un cuerpo, ni la ternura de un beso.

No es nada malo, ni debes avergonzarte si lo practicas, pero conviene que te hagas algunas preguntas:

> ¿Por qué busco esta forma de satisfacción sexual?

> ¿Acaso tengo miedo de intentarlo cara a cara?

> ¿Pienso que no gusto a nadie y de esta forma me puedo inventar otra personalidad?

Puedes estar obstaculizando tu crecimiento emocional, psicológico y sexual al privarte de la compañía de otros jóvenes. La manera más satisfactoria de aprender a amar y a conocer la sexualidad es utilizando toda tu persona –tus cinco sentidos y tu mente– en una interrelación con otro ser humano.

La prostitución

L a prostitución es el intercambio de favores sexuales por dinero, joyas, drogas o cualquier otro bien material que hayan acordado el cliente y la persona que se prostituye. Tradicionalmente, la prostitución era ejercida por mujeres pero, hoy día, existen prostitutos de ambos sexos tanto heterosexuales como homosexuales.

Esta antiquísima práctica está normalmente legalizada y regulada por los gobiernos, aunque no toda la sociedad acepta de buena gana su presencia porque sostienen que es una actividad que degrada a la persona convirtiéndola en un mero objeto, y que fomenta el aumento de mafias relacionadas con el tráfico de mujeres y las drogas. Para otras personas la prostitución cumple una importante función social.

¡mito!

Las mujeres y los hombres que se dedican a la prostitución lo hacen porque les gusta.

¿Por qué se prostituyen las mujeres y los hombres?

L as respuestas que dan las personas encuestadas son fundamentalmente que ejercen la prostitución para sobrevivir, otras alegan haber sido engañadas por redes mafiosas que las retienen y –las menos– porque les gusta. Esta última razón es muy discutible, y forma parte de una falsa creencia.

Las razones para acudir a los servicios de una prostituta son muy variadas: la soledad, el probar nuevas prácticas sexuales que muchas personas no se atreven a pedir a sus parejas o que éstas se niegan a realizar, la obtención de satisfacción sexual sin implicación ni compromiso emocional o una baja autoestima.

Sin entrar en discusiones de si moralmente la prostitución está bien o mal, es importante que te preguntes qué puede aportar una relación en la que una parte finge disfrutar y la otra «cosifica» a una persona al vivirla como un objeto sexual.

¡dato!

En la relación prostituta-cliente se dan casos, a veces, en los que se establece una relación afectiva, llegando incluso al matrimonio, pero desgraciadamente lo habitual es que no sea más que una simple transacción comercial.

SEXUALIDAD PLENA

La sexualidad puede ser vivida de muchas formas, y cada persona tiene que encontrar aquella que se adecue a su psiquismo, personalidad y necesidades. Hacer bien el amor no es cuestión de técnicas especiales, sino de captar la esencia del ser humano completo: cuerpo y espíritu, femenino y masculino, cielo y tierra.

LA SALUD Y LA SEXUALIDAD

LA SALUD Y LA SEXUALIDAD

Nuevas experiencias y responsabilidades

A medida que creces te enfrentas a nuevas situaciones que van a exigir de ti muestras de mayor responsabilidad y autonomía.

No es fácil ser mayor, pero no olvides que cuentas con el apoyo de tus padres y de la misma manera que tú necesitas que ellos confíen en ti y te den mayor libertad, ellos necesitan saber que estás preparado para darte esa confianza.

Entre ellos y tú se irán estableciendo una serie de acuerdos en cuanto a la hora de llegada a casa o la colaboración que desean que prestes en el hogar, entre otras muchas cosas.

Es fundamental que respetes esto porque de ello va a depender que se te den cada vez menos «órdenes» y que puedas vivir feliz junto a tus padres y hermanos sin tensiones añadidas. Piensa que llegará el día –y no está tan lejos– en el que serás absolutamente independiente y podrás organizar tu vida como consideres. Mientras tanto, disfruta del tiempo que te quede de estar «en casa», ya que luego no habrá marcha atrás.

Por otro lado, tú también sientes el deseo y la necesidad de hacer tus «averiguaciones» y descubrir qué hay en ese mundo de adultos que hasta ahora o no te interesaba o te estaba negado.

Puede que empieces simplemente enfrentándote tú solo a situaciones tales como pedir información por teléfono, ir al médico de cabecera si tienes algún pequeño trastorno, hacer algún sencillo trámite de banco o encargo de compra para tus padres, salir con algún amigo de compras o simplemente ir a cortarte el pelo.

Así vas conociendo cómo es la sociedad adulta, aunque seguramente hay otros aspectos que mueven más tu curiosidad, te hayas iniciado ya en ellos o no. Estamos hablando de la se-

xualidad; ésta abarca tanto los caracteres sexuales que marcan tu pertenencia a uno u otro sexo, como tu comportamiento o conductas sexuales o el modo de vivir internamente tu deseo sexual.

Estos aspectos no pueden ser desligados los unos de los otros sin que se perturbe alguna parte de tu ser y aparezcan sentimientos de inseguridad, malestar o culpa.

Como seres sexuados que somos, necesitamos un «buen cuerpo». No nos estamos refiriendo a «un cuerpo 10», sino a un cuerpo sano que nos sirva para disfrutar de nuestra sexualidad. ¿Cómo conseguir esto?

✓ Cuidando nuestra higiene alimentaria.
✓ Mimando nuestro cuerpo con el ejercicio y el descanso.

Además necesitamos una buena mente. Es decir, una mente despierta, que sepa discernir lo que le conviene, que esté abierta al aprendizaje y a la evolución. Ya sabes eso de «mente sana en cuerpo sano», así que para ello de nuevo debes:

Además es muy importante que estés protegido de ciertas conductas de riesgo que están muy extendidas en nuestra sociedad: las drogas y las prácticas sexuales sin protección.

✓ Cuidar tu alimentación
✓ Hacer ejercicio
✓ Descansar y dormir bien

Las primeras tienen mucho atractivo para aquellos jóvenes inseguros que piensan que necesitan una «ayudita» para ligar más o hacer el amor.

No debes caer en este error que puede traerte problemas psicológicos, físicos y sociales. Por eso infórmate bien de todos los peligros que implica el mundo de las drogas.

Las prácticas sexuales sin protección ocasionan, además de sentimientos de culpa, ansiedad o miedo, las llamadas enfermedades de transmisión sexual que no sólo te trastornarán toda tu vida de adolescente, sino que te pueden llevar a la muerte.

Tómate tu salud en serio y si te sientes preparado y quieres disfrutar del sexo:

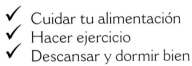
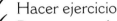
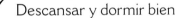

✓ Infórmate
✓ Protégete

HÁBITOS QUE TE FAVORECEN

El ejercicio físico

La práctica regular de ejercicio físico o de algún tipo de deporte es excelente para la salud física y mental, particularmente en la pubertad, período de profundos cambios.

Los beneficios se pueden comprobar tanto en el cuerpo como en la mente:

Beneficios

cuerpo

✓ Mayor elasticidad corporal.
✓ Los huesos se fortalecen y crecen correctamente.
✓ Los músculos se desarrollan y adquieren más fuerza.
✓ Los órganos internos están mejor protegidos .
✓ El cuerpo se moldea.
✓ Prevención de las enfermedades cardiovasculares.
✓ Desarrollo de la capacidad respiratoria.

mente

✓ Ayuda a combatir el estrés causado por tensiones y problemas.
✓ Interrumpe la rutina ayudando con ello a relajarse mejor.
✓ Disminuye el mal humor y el nerviosismo.
✓ Favorece el sueño siempre que no lo practiques justo antes de ir a dormir.
✓ Aumenta la memoria, la atención y la concentración porque se oxigena el cerebro.
✓ Proporciona bienestar y confianza en uno mismo.
✓ Mejora la imagen corporal.

Este último punto, la imagen corporal, hace referencia a la representación mental que cada persona tiene de su cuerpo, a la actitud hacia él y al grado de satisfacción que nos produce. Por ello, primero tienes que aprender a aceptar tu cuerpo real, conocerlo y amarlo para poder crecer psicológicamente sano.

Hay muchos tipos de actividades físicas que puedes elegir según tus preferencias, circunstancias y limitaciones.

Los deportes se dividen básicamente en:

• **Aeróbicos**: aquellos que consumen mucho oxígeno y por lo tanto mucha energía.

• **Anaeróbicos**: son los deportes que consumen poco oxígeno y poca energía.

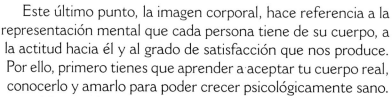

✓ Correr
✓ Bicicleta
✓ Bailar
✓ Aeróbic
✓ Tenis
✓ Nadar
✓ Fútbol...

Deportes aeróbicos

Dentro de este grupo, cualquiera de ellos hace aumentar las pulsaciones temporalmente, favoreciendo corazón y pulmones. Con ello se beneficia el sistema cardiovascular y respiratorio.

Forman parte de este tipo de deportes todos aquellos que impliquen correr, como el fútbol o el baloncesto. La natación, además, relaja y alivia los problemas de espalda si se practica correctamente.

Tienen la ventaja de que algunos se pueden practicar a solas, como montar en bicicleta, ir a correr o nadar en la piscina, aunque es mucho más placentero buscar una buena compañía.

Deportes anaeróbicos

A este otro grupo pertenecen aquellos ejercicios físicos que consumen poco oxígeno y poca energía, pero son útiles para incrementar la fuerza, el volumen y la masa muscular. Las chicas no debéis temer que este tipo de ejercicios –en particular la

✓ Musculación con pesas
✓ Aparatos
✓ Tiro al arco
✓ Estiramientos

musculación– os haga perder vuestras formas, ya que se necesitan muchos años de entrenamiento, una alimentación rica en proteínas y la toma de hormonas esteroides para que el cuerpo experimente una importante modificación. Es más conveniente practicarlo en algún gimnasio, ya que allí habrá un monitor que diseñará para ti una tabla con aquellos ejercicios que mejor te convengan, y un fisioterapeuta por si tienes algún incidente como tirones o contracturas.

Si decides hacer musculación en casa, puedes encontrar en comercios especializados pesas de diferentes tamaños y pe-

sos. Para evitar lesiones es conveniente que empieces por las más pequeñas y vayas gradualmente pasando a otras mayores.

El tiro al arco entra también dentro de este grupo, ofreciendo como ventaja su capacidad de relajar. ¡Es un magnífico anti-estrés!

Con el estiramiento, se pretende moldear el cuerpo músculo a músculo, corrigiendo la forma de aquellos que, debido a malas posturas o falta de ejercicio, se han ido «atrofiando». Estos ejercicios deben ir acompañados de una correcta respiración para que el cuerpo y toda la piel estén bien oxigenados, por lo que es preferible ser guiados por un profesional si es la primera vez que haces esta clase de ejercicios.

Otras técnicas

Hay una serie de técnicas, de procedencia oriental, dirigidas al crecimiento interior del individuo, aunque su práctica beneficia, además de a la mente, al cuerpo y a la salud. Situaciones de estrés, insomnio, falta de concentración, ansiedad, nerviosismo e incluso el dolor pueden aliviarse con estas técnicas, cada vez más extendidas en occidente.

El yoga

Es un conjunto de disciplinas, muy antiguas, procedentes de la India, cuyo objetivo es ayudar al ser humano a encontrar la felicidad, el bienestar y la armonía entre el cuerpo y la mente.

Existen muchos tipos de yogas porque a lo largo de los años se han ido añadiendo nuevas técnicas, existiendo diferentes niveles de práctica.

A grandes rasgos y en el nivel inferior, los ejercicios corporales tienen como objetivo la relajación, prestando atención especial a la respiración ya que ésta es vital para que el beneficio sea óptimo.

El nivel superior está dedicado a la práctica de ejercicios de meditación e implica una búsqueda de lo espiritual.

beneficios del yoga

El yoga nos libera de los trastornos producidos por la vida sedentaria, la mala alimentación, las tensiones y las enfermedades ya que facilita el desbloqueo físico que éstas conllevan.

Mentalmente, nos capacita para afrontar la vida de una manera más serena y positiva.

La meditación

Aunque forma parte del yoga en su nivel más avanzado, en occidente se utiliza aisladamente como técnica de relajación. Para ello es conveniente encontrar un momento al día en el que podamos aislarnos en algún rincón de nuestra casa donde no seamos interrumpidos. Allí, cómodamente sentados o tumbados, dejamos la mente libre de las preocupaciones, permitiendo el fluir de los pensamientos sin prestar atención a ninguno en particular durante unos minutos, tiempo que variará en función de nuestras necesidades y capacidad de desconexión.

La respiración profunda

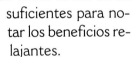

También forma parte de algunos ejercicios de yoga. Consiste en coger aire por la nariz, siempre en una postura cómoda para favorecer la relajación, hasta sentir que se han llenado los pulmones ampliamente, y expulsarlo después muy lentamente por la boca. Unas cuantas inspiraciones-expiraciones dos o tres veces al día serán suficientes para notar los beneficios relajantes.

Si estás en un momento en el que no te apetece hacer ejercicio, simplemente CAMINA. Intenta ir a los sitios a pie y evitar el ascensor. No sólo mejorará tu estado físico en general, sino que relaja también y además ivas a descubrir otra ciudad que te asombrará!

El tai-chi

Es una disciplina también muy antigua, considerada como un arte marcial, aunque se utiliza preferentemente como defensa mental. Se trata de unos ejercicios físicos realizados con movimientos lentos que simbolizan la armonía en movimiento y que permiten a cada cual descubrir su propio mundo interno.

Dormir... y bien

P uede que no le des mucha importancia a las horas de sueño porque tal vez te parezca que estás perdiendo parte de tu vida. Sin embargo, se ha demostrado que los trastornos provocados por la falta de sueño pueden llegar a ser importantes. Algunos sujetos a los que se les privó de sueño durante unos ocho días llegaron a sufrir alucinaciones. Evidentemente, las reacciones dependen de la edad y de la personalidad, pero, en cuanto a ti, recuerda lo que te ocurre cuando has dormido poco:

✓ Amaneces con ojeras.
✓ Estás nervioso y de mal humor.
✓ No te concentras.

✓ Se te van las ideas y los nombres.
✓ Y, a largo plazo, la piel adquiere mal aspecto.

No debes olvidar el descanso. No se trata de estar «tumbado» todo el día, sino simplemente de cambiar de actividad: leer, ver la televisión, pasear, hacer algún deporte, o charlar con algún amigo. Hay que tomárselo en serio porque el estrés por falta de descanso puede llegar a ser muy grave: desde indigestiones, gastritis, colitis, reacciones alérgicas de la piel, a cambios de humor que oscilan entre el llanto súbito, la cólera y la depresión.

A veces, y de forma ocasional, puede que te sientas muy desganado y sólo te apetezca estar simplemente «tirado». Esto no debe preocuparte porque se trata de procesos psicológicos «involutivos», es decir, pequeñas regresiones a la época de la niñez que necesitas volver a vivir para tomar fuerzas y seguir adelante en tu crecimiento.

Consejos para dormir bien... y más

- No tomar bebidas con cafeína (café, té, etc.) por la tarde.
- No ver películas de televisión de temática violenta o de suspense, ni leer libros cuyo argumento pueda impedir que se concilie el sueño.
- No echarse siestas largas; la duración de una siesta debe ser de 20 a 30 minutos; dormir más de este tiempo puede dificultar el sueño de la noche.
- No encender el ordenador antes de ir a la cama; la luz le indica al cerebro que es la hora de despertarse, por lo que resulta contraproducente a la hora de conciliar el sueño.
- Seguir un horario regular de hábitos de sueño: por ejemplo, intentar acostarse y despertarse siempre a la misma hora. Por otro lado, quedarse despierto toda la noche para estudiar el día antes de un examen puede alterar los patrones del sueño, y el sueño perdido no se puede recuperar por muchas horas seguidas que se duerman.
- Hacer ejercicio es bueno, pero no justo antes de irse a la cama.
- Mantener las luces bajas, así como meditar, leer o escuchar música relajante antes de irse a dormir puede ayudar a conciliar el sueño.

L a alimentación es necesaria para vivir, pero una alimentación adecuada es imprescindible si queremos disfrutar tanto de un buen cuerpo como de una buena mente. Todos los esfuerzos dirigidos a este fin son vanos si no van acompañados de este requisito fundamental: comer bien.

> Si estás bien nutrido te sentirás más feliz, te gustarás más y gustarás más

¿Qué quiere decir comer bien?

N o quiere decir que no puedas darte el gusto de disfrutar de las hamburguesas, los perritos, las patatas fritas, las pizzas o los bocadillos que tanto te gustan. Estos alimentos pueden dejarse para ocasiones especiales porque te llenan, pero no te alimentan bien, sobre todo si abusas de ellos.

Significa que debes comer de todo un poco, ni mucho ni poco en cada comida y bien repartido a lo largo del día. Significa también que «tú eres tú», es decir, que tienes un sexo, unas características genéticas que determinan no sólo tu talla, sino tu particular forma de metabolizar los alimentos, unas costumbres familiares y unas características psicológicas que te llevan a preferir unos sabores a otros.

Además comer tiene un valor simbólico, pues a través de los alimentos se incorpora el mundo psíquico, familiar, social y cultural. Por ello, el comer constituye un gran placer. Y, como todo placer, hay que disfrutarlo de forma relajada y sin agobios.

¿Cómo se alimenta el organismo?

L os seres vivos obtenemos unos nutrientes de los alimentos y otros los fabrica directamente nuestro organismo. Los alimentos son unas sustancias que consumimos en estado natural o después de cocinarlos. ¿Para qué sirven? Pues para proporcionar el material de crecimiento, para dar energía, para reparar tejidos y formar las sustancias de reserva del cuerpo.

Están compuestos de ciertos elementos entre los que destacaremos las **proteínas**, los **glúcidos**, los **lípidos**, el **agua**, las **vitaminas**, los **minerales** y la **fibra**.

✓ Las proteínas

- Favorecen el crecimiento.
- Son necesarias para que el cuerpo se cure a sí mismo.
- Mantienen y forman los tejidos –músculos, huesos y piel.

✓ Los glúcidos (o hidratos de carbono)

- Básicos para darte la energía que necesitas.
- Se debe distinguir entre:
  - Azúcares de combustión rápida: azúcar, frutas, caramelos, bollos, pasteles…
  - Azúcares de combustión lenta: arroz, sémolas, cereales patatas, pastas y pan.

✓ Los lípidos

- Proporcionan también energía. Existen dos grupos:
  - Grasas saturadas: grasas animales que proceden de la carne, mantequilla, nata, manteca de cerdo, charcutería y quesos muy grasos.
  - Grasas no saturadas: son aceites vegetales, frutos secos –almendras, cacahuetes, nueces, avellanas y aguacate– y margarinas vegetales.

Principales grupos de alimentos

Los clasificaremos en seis grupos en función de sus características nutricionales.

Grupo I

Está formado por lácteos y sus derivados, como son los yogures, cuajadas, quesos, natillas y flanes.

Sus aportaciones en glúcidos y lípidos son variables. Sin embargo, son muy ricos en calcio, vitamina A, B2 y B12 aunque contienen poco hierro y poca vitamina C.

Grupo II

Son principalmente proteínas animales procedentes de carnes, huevos y pescados. Dentro de las carnes están las de ternera, cordero, aves y cerdo. Las carnes rojas, hígado y los huevos, contienen además mucho hierro, pero si no te gustan demasiado, dos veces en semana se pueden sustituir por lentejas.

También existe una gran variedad de pescados. Acostúmbrate a comerlos, recuerda que el paladar también puede habituarse.

Grupo III

Son las materias grasas como la mantequilla, las margarinas, los aceites y la nata, muy ricas en LÍPIDOS.

Unas son grasas saturadas como la mantequilla y la nata, de procedencia animal. Si abusas de éstas, puedes favorecer un aumento de peso, exceso de colesterol y a largo plazo enfermedades cardíacas.

Las grasas no saturadas son los aceites y las margarinas vegetales, destacando el magnífico aceite de oliva. Estas grasas son buenas para hacer bajar el colesterol.

Grupo IV

A este grupo pertenecen los cereales y sus derivados, las legumbres y las patatas. Son los que dan energía por su alto contenido en GLÚCIDOS.

Es un grupo pobre en proteínas, siendo las legumbres las que contienen más: un 20%. Algunos tienen vitaminas del grupo B, como los cereales completos, y son ricos en fibra y en vitamina D.

Grupo V

Frutas y verduras forman esencialmente este grupo.

Las frutas y verduras crudas aportan agua, minerales, vitaminas, fibra y también glúcidos (o azúcares complejos).

Si las cueces son más digeribles, pero pueden perder vitaminas y minerales. Como sabes, en este grupo de alimentos hay muchísima variedad y será difícil que no te guste algo, pero si no es así, ¡échale imaginación y hazte tú mismo deliciosas ensaladas de frutas y verduras!

Grupo VI

Son el azúcar, la miel, mermeladas y zumos o bebidas azucarados. Se asimilan rápidamente por el organismo y son considerados azúcares simples.

El agua

Teniendo en cuenta que el 66% aproximadamente de nuestro organismo es agua y que se pierden unos dos litros diarios de forma natural (transpiración y eliminación de líquidos), nos podemos hacer una idea de la importancia que tiene el reponerla constantemente.

¿Cómo lo hacemos? A través de frutas y verduras, de todo tipo de bebidas como la leche, las infusiones, las bebidas alcohólicas y sobre todo del agua. Ésta nos aporta minerales muy importantes para el buen funcionamiento del tiroides como el yodo, o flúor para la formación de huesos y dientes.

Al menos son necesarios dos litros por día para que nuestra piel esté bien hidratada, se libere de las impurezas y se conserve joven. También nos lo agradecerán nuestros intestinos y el organismo en general.

Podemos ayunar –es decir, no ingerir sólidos– durante un mes sin graves consecuencias, pero no podemos permanecer más de 48 horas sin beber y no correr riesgos importantes.

Los minerales

Son unas sustancias químicas que se encuentran en el organismo en muy pequeñas cantidades. Al no poder producirlos, nuestro cuerpo tiene que obtenerlos directamente de los alimentos o artificialmente en comprimidos.

En general, necesitamos unas mínimas proporciones de minerales para estar saludables, pues sin esas cantidades podemos enfermar a veces gravemente.

Aquí tienes algunos de los más relevantes, pero recuerda que si tu dieta es equilibrada, estarás proporcionándole a tu cuerpo todos los minerales que necesita.

✓ Hierro

✓ Función
Gracias al hierro los pulmones pueden captar el oxígeno y llevarlo a todas las células del cuerpo, ya que es muy importante en la producción y liberación de energía. Ayuda al crecimiento físico y mental y es un componente básico de la hemoglobina, el pigmento de la sangre.

✓ Carencia
Sin este mineral la producción de glóbulos rojos se frena causando anemia, aumento de la fatiga y una mayor sensibilidad a ciertas afecciones respiratorias. Una elevada falta de hierro puede ocasionar mareos, pérdida del apetito e insomnio.

Los adolescentes en general y las chicas que tengan fuertes pérdidas durante la regla deben aumentar su ingesta de hierro.

✓ Fuente
Frutas desecadas, melaza, espinacas, hígado, mejillones, berberechos, cacao, pan integral, pescados y aves.

> Para asimilarlo es necesaria la vitamina D, que se sintetiza tomando sol y aire fresco.

✓ Calcio

✓ Función
Es vital para la buena salud y formación de los huesos, dientes y tejidos duros.

Es importante para la coagulación de la sangre y la transmisión de las células nerviosas.

✓ Carencia
Se debilitan los huesos, generando osteoporosis –pérdida de masa ósea– y debilidad muscular. Además se incrementa el riesgo de fracturas.

✓ Fuente
Leche y productos lácteos, hortalizas de hoja verde (berros, alcachofas, brécol, perejil), sardinas enlatadas, salmón, tofu (requesón de soja), legumbres, semillas de ajonjolí, frutos secos.

✓ Potasio

✓ Función
Unido al sodio, ayuda a mantener el control y el nivel de agua corporal.

Es esencial para la transmisión de los impulsos nerviosos y para favorecer la salud muscular, siendo por ello muy importante para los que practican deporte. Ayuda a eliminar las toxinas ya que estimula el movimiento de los intestinos.

✓ Carencia
Produce debilidad muscular, fatiga, mareos y falta de atención.

✓ Fuente
Vegetales de hoja verde, plátanos, uvas pasas, naranjas, coliflor, tomates, patatas, cerdo, beicon en lonchas, leche, huevos, queso cheddar.

✓ Sodio

✓ Función
Junto al potasio, ayuda a mantener el control y el nivel de agua corporal; contribuye al proceso digestivo y participa en la conducción de los impulsos nerviosos.

✓ Carencia
Su déficit produce una bajada de la presión arterial, deshidratación y mareos. Generalmente la falta de sodio se produce cuando se pierden líquidos en el transcurso de enfermedades que presentan diarreas, vómitos y transpiración excesiva.

> Los diuréticos para adelgazar, la sauna o el ejercicio intenso en época de calor también contribuyen a su déficit.

✓ Fuente
Sal de mesa y todos los alimentos a los que se le añade al ser elaborados como pueden ser: queso, cereales, pescados y carnes ahumados o curados.

✓ Magnesio

✓ Función
Favorece la contracción y la relajación muscular, activa numerosas enzimas y mantiene los huesos, articulaciones, cartílagos y dientes en buen estado.

✓ Carencia
Una carencia de magnesio repercutirá en casi todo el cuerpo: el sistema muscular sufre temblores y calambres, el sistema nervioso se irrita y se debilita, el sistema arterial se ve afectado por arritmias e hipertensión.

✓ Fuente
Cacahuetes, nueces, almendras, semillas de soja y de sésamo, hortalizas de hoja verde, germen de trigo, azúcar moreno, pan integral.

✓ Selenio

✓ Función

Junto con la vitamina C y E, actúa como antioxidante, aunque es de 50 a 100 veces más poderoso que éstas. Actúa ayudando al organismo a luchar contra los radicales libres que nos hacen envejecer.

✓ Carencia

Al parecer, en terrenos de cultivo donde este mineral es escaso, se dan más casos de cáncer. Su déficit puede producir, además, dolor muscular y problemas cardiovasculares.

✓ Fuente

Riñón, hígado, carne, pescados, cereales integrales, verduras y productos lácteos.

> Nos protege del cáncer, de las enfermedades cardiovasculares y de las afecciones de la vista y de los ojos, como las cataratas.

✓ Fósforo

✓ Función

Imprescindible para la formación de huesos y dientes. Proporciona, asimismo, energía y es esencial para la formación de las células.

✓ Carencia

No es frecuente su déficit porque está prácticamente presente en todos los alimentos, en particular los que tienen un alto contenido en calcio.

✓ Fuente

Huevo, yogur, pescado, bacalao seco, atún y sardinas en aceite, pollo e hígado de cerdo.

✓ Zinc

✓ Función

Vital para el crecimiento porque interviene en la formación de ciertas hormonas. También para el desarrollo sexual, epidérmico y capilar, conservando sanos uñas, piel y pelo. Asimismo, tiene un papel importante en las defensas inmunitarias y la secreción de insulina.

✓ Carencia

Afecta al crecimiento, al sistema inmunitario que se debilita y se vuelve sensible a las infecciones, al gusto, al olfato y a la libido. Puede causar pérdida de peso, problemas de piel –como acné, eccema, soriasis– y manchas en las uñas.

✓ Fuente

Carne roja, huevos, mariscos, legumbres, cacahuetes y semillas de girasol.

Las vitaminas

✓ Vitamina A

✓ Función

Es muy importante para el mantenimiento de las células de la piel, los huesos y las mucosas. Ayuda a combatir numerosos desórdenes de la vista, previene de enfermedades como el cáncer y de las infecciones respiratorias.

✓ Carencia

Problemas oculares –incluso ceguera–, de piel y sensibilidad a las infecciones del tracto respiratorio.

✓ Fuente

Hígado, aceite de hígado de bacalao, pescado graso, yema de huevo, mantequilla, queso, albaricoque, melón, melocotón, zanahoria, tomate, espinacas, coles de Bruselas.

> Hay dos tipos:
> • el Retinol, procedente del reino animal;
> • el Beta-caroteno, procedente del reino vegetal.

✓Vitamina B1

✓Función
Excelente para la concentración, la memoria y para afrontar el estrés y la depresión.

✓Carencia
Produce apatía, bajo rendimiento y mal humor por sus efectos sobre el sistema nervioso y por estar ligada al trasporte de energía.

✓Fuente
Legumbres, castañas, levadura de cerveza, germen de trigo, nuez de Brasil, sésamo, soja, ostras, productos de casquería, jamón y carne de cerdo.

> Recomendable para fumadores y personas que beben alcohol puesto que tanto éste como el tabaco destruyen la vitamina B1.

✓Vitamina B2

✓Función
Necesaria para el crecimiento, la reproducción y el buen estado de la piel, uñas, cabellos y mucosas. Beneficiosa también para la visión y el cansancio de los ojos.

> Las mujeres que utilizan la píldora deberían tomar un suplemento de vitamina B2.

✓Carencia
Dermatitis seborreica, herpes, dolor de garganta, inflamación de la boca y anemia.

✓Fuente
Hígado, leche, queso, huevos, vegetales verdes, avena, levadura, almendras, avellanas y legumbres.

✓Vitamina B3

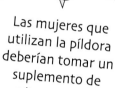

✓Función
Vital para la salud del cerebro y del sistema nervioso. Esencial para la síntesis de hormonas sexuales, y elaboración de cortisona, tiroxina e insulina en el organismo.

✓Carencia
Su déficit puede provocar dermatitis, trastornos gastrointestinales, dolores gastrointestinales, pérdida del apetito, diarrea, fatiga, depresión e incluso demencia.

✓Fuente
Conejo, pescado, carne magra, jamón, levadura de cerveza, cacahuetes, cereales completos, germen de trigo, hígado de ternera, orejones de melocotón y albaricoque, maíz, pimiento, verduras de hoja verde, tomate, melón, mango, leche, queso y huevos.

✓Vitamina B5

✓Función
Ayuda a convertir grasas y azúcares en energía. Importante para sintetizar el colesterol, la grasa y los glóbulos rojos. También contribuye a la síntesis de anticuerpos, formación de células, y al desarrollo del sistema nervioso.

✓Carencia
Su déficit, aunque no es frecuente pues está presente en la mayoría de los alimentos, puede ser causa de desórdenes en la piel, cansancio, depresión, pérdida del apetito, calambres, indigestión e insomnio.

✓Fuente
Cereales completos, germen de trigo, levadura de cerveza, hígado, corazón, riñones, huevos, carnes y pescados

> Favorece la cicatrización de las heridas y previene el cansancio.

✓Vitamina B6

✓Función
Es esencial para el crecimiento porque ayuda a asimilar adecuadamente las proteínas, los carbohidratos y las grasas. También es vital para la fabricación de anticuerpos y glóbulos rojos.

✓Carencia
Puede causar nerviosismo, depresión, debilidad y desórdenes de la piel.

✓Fuentes
Hígado, pollo, bacalao, salmón, queso, cereales completos, levadura de cerveza, germen de trigo, nueces y almendras, aguacate, legumbres.

> Es vital para el sistema nervioso.

✓Vitamina B8

> ¡Las canas tardan más en salir!

✓Función
Proporciona energía, y ayuda a combatir la somnolencia así como el estado de ánimo depresivo. Alivia el eczema, la dermatitis o los dolores musculares.

✓Carencia
Su déficit no es muy habitual si se come de todo, pero la falta de esta vitamina genera cansancio, estado depresivo, náuseas, pérdida del apetito y problemas en la piel, como eczema.

✓Fuente
Levadura, hígado, riñones, huevos, coliflor, lentejas, nueces.

✓Vitamina B9 (ácido fólico)

✓Función
Importantísima para el crecimiento, ya que junto a la B12 participa en la síntesis del ADN, es decir, la proteína que contiene los cromosomas y el código genético necesarios para el metabolismo de las células.

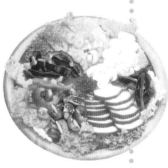

✓Carencia
Cuando el organismo carece de ácido fólico, los alimentos no se absorben correctamente y puede originar anemia. Un feto puede nacer con malformaciones si la madre no recibe una dieta adecuada en esta vitamina.

✓Fuente
Levadura, germen de trigo, yema de huevo, cereales, endibias, hígado, espinacas, ensalada, champiñones, oleaginosos.

> Es beneficiosa para el cutis y también retrasa la aparición de las canas.

✓Vitamina B12

✓Función
Muy importante para todo lo que tiene que ver con el crecimiento: favorece la regeneración de la médula ósea y de los glóbulos rojos. Es imprescindible para la síntesis del ADN y para el metabolismo normal del sistema.

> Ayuda a mejorar la concentración y la memoria, y alivia la irritabilidad.

✓Carencia
Su déficit provoca anemia perniciosa, además de daños cerebrales como depresión, pérdida de memoria y deterioro general mental. Las chicas debéis aumentar su consumo, así como el resto del complejo B, en los días previos a la menstruación para reducir las molestias que la acompañan.

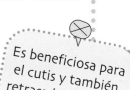

✓Fuente
Básicamente se halla en alimentos de origen animal: carne, aves, pescados, huevos y productos lácteos. En los vegetales, las algas marinas y los champiñones son las fuentes principales.

✔ Vitamina C

✔ Función
Interviene en más de 300 procesos biológicos, de ahí su importancia en la nutrición. Entre los de mayor relevancia podemos señalar que ayuda a diferentes procesos: retención del hierro, formación de colágeno –una proteína básica en todos los tejidos–, aumento de las defensas del organismo y protección de las infecciones.

Aumenta las defensas del organismo.

✔ Carencia
Propensión a los catarros, gripes y otras infecciones por lo que es muy aconsejable especialmente para las personas que viven en lugares muy contaminados, los que padecen estrés y los fumadores.

✔ Fuente
Limones, naranjas, pomelos, frambuesas, grosellas, perejil, pimiento, rábano, fresas, kiwis.

✔ Vitamina D

Imprescindible para un correcto crecimiento.

✔ Función
Se encarga de que el cuerpo absorba el calcio y el fósforo que necesitan los huesos, las articulaciones y el sistema nervioso.

✔ Carencia
Debilidad ósea y muscular. Para evitar su carencia es imprescindible disfrutar del aire libre y tomar el sol, ya que el organismo puede producir esta vitamina absorbiendo los rayos ultravioletas. Eso sí, no hay que olvidar tomar todo tipo de precauciones, evitando las exposiciones largas, en particular al mediodía, cuando el sol se halla en lo más alto.

✔ Fuente
Aceite de hígado de bacalao, pescados grasos: salmón, arenque, sardinas, atún, leche, mantequilla y yema de huevo.

✔ Vitamina E

✔ Función
Proporciona al organismo oxígeno, retardando el envejecimiento celular; ayuda a mantenerse joven y además previene esos desagradables calambres en las piernas e incluso problemas más graves como la trombosis.

✔ Carencia
Destrucción de los glóbulos rojos, degeneración muscular, algunas anemias y trastornos de la reproducción.

Es vital para que el sistema nervioso funcione apropiadamente.

✔ Fuente
Germen de trigo, aceite o pipas de girasol, aguacate, brócoli, ciruela, espinacas, espárragos, manzana, moras, plátanos, tomate y zanahoria.

✔ Vitamina K

La vitamina K desempeña un papel muy importante en la salud del tejido óseo.

✔ Función
Muy valiosa para la formación de proteínas y para que el proceso de coagulación se desarrolle normalmente.

✔ Carencia
Dificultad en la coagulación y tendencia a la hemorragia.

✔ Fuente
Verduras verdes, raíces comestibles, frutas y semillas.

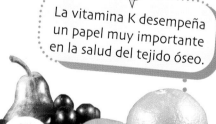

La fibra

No es un alimento propiamente dicho, sino un tipo de carbohidratos no digerible, que puedes obtener de cereales, frutas, verduras, leguminosas, frutos secos, pan integral y pasta.

Son ideales si necesitas bajar de peso porque sacian y alimentan, además de ser esenciales para el tránsito intestinal, protegiendo los intestinos de enfermedades como el cáncer.

> La fibra no sólo regula la función intestinal, sino que previene enfermedades gastrointestinales y cardiovasculares.

La dieta equilibrada

Según el rol fisiológico los nutrientes se dividen en:

✓ **Energéticos**: hidratos de carbono y lípidos (dan energía).
✓ **Constructores:** proteínas y minerales (crecimiento y mantenimiento).
✓ **Funcionales:** vitaminas, algunos minerales y ciertas proteínas (aseguran el funcionamiento del organismo).

El gráfico de la izquierda representa con precisión cuál debería ser el aporte diario de nutrientes. Como puedes apreciar, el grupo más importante se compone de carbohidratos o glúcidos, seguidos por grasas –preferentemente no saturadas–, proteínas y fibra.

La dieta equilibrada

Grasas 25%

Fibra 3%

Proteínas 15%

Carbohidratos 57%

La dieta mediterránea

Es muy probable que hayas oído hablar de la dieta mediterránea, porque se considera hoy día la dieta más equilibrada.

No se trata de una dieta moderna. Todo lo contrario: es el modo en el que se han alimentado desde hace miles de años los pueblos mediterráneos, pero que se había ido abandonando tras la industrialización de la agricultura.

Las poblaciones fueron sustituyendo aquel modelo de alimentación de sus ancestros por carnes rojas en abundancia, productos lácteos, harinas y azúcares refinados principalmente y formas de guisar cada vez más elaboradas.

Preguntas y respuestas

¡dato!

¿En qué consiste la dieta mediterránea?

Se trata de una alimentación sencilla, sin añadidos de grasas o cremas, cuya base es: pescado, carne de ave, hortalizas, cereales, leguminosas, frutas y aceite de oliva. Las carnes rojas deben tomarse con moderación, así como los huevos –tres o cuatro por semana–. En cuanto a los productos lácteos, tienen preferencia los quesos bajos en grasa y los yogures naturales.

¿Cuales son las ventajas?

Reduce la incidencia de ciertos cánceres, de algunas cardiopatías coronarias y ayuda a mantener la línea.

La dieta mediterránea se la debemos a los romanos, quienes la llevaron por todos los territorios conquistados.
Sobrevivió hasta el siglo XIX y fue desplazada en el siglo XX, tras la industrialización de la agricultura, por otros hábitos alimentarios más ricos en grasas y carnes rojas.

La imagen de la pirámide alimenticia refleja con claridad cómo deberíamos distribuir los alimentos para que comamos de manera equilibrada y obtengamos el máximo beneficio para nuestra salud.

Dulces
(pequeña cantidad)

Grasas y aceites
(usar poco)

Leche, yogur y queso
(2 a 3 porciones)

Carne, pescado, huevos y nueces
(2 a 3 porciones)

Verduras
(3 a 5 porciones)

Fruta
(2 a 4 porciones)

Pan, cereales, arroz y pasta
(6 a 11 porciones)

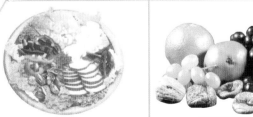

Unos alimentos producen más calorías que otros y su consumo va a depender de nuestras necesidades energéticas. Durante la pubertad los chicos necesitan 2.900 calorías diarias aproximadamente y las chicas unas 2.150 porque son más pequeñas de estatura y complexión. Una de las razones por las que algunas personas engordan es por ingerir más calorías de las que gastan, las cuales se van acumulando en forma de grasas.

Existen además las llamadas calorías vacías de las que no se debe abusar porque son «alimentos» que sólo aportan calorías. Por citar algunas mencionaremos:

- ✔ refrescos
- ✔ café y té
- ✔ bebidas alcohólicas (menos el vino, la cerveza y la sidra)
- ✔ las golosinas y los snack

resumiendo...

- ✔ Come despacio.
- ✔ Mastica bien.
- ✔ No piques entre comidas.
- ✔ Haz cinco comidas diarias.

Reglas de oro para comer bien

- ✔ No abuses de la comida de los Fast-Food.
- ✔ No abuses de las bebidas gaseosas.
- ✔ Desayuna bien.
- ✔ Bebe mucha agua.

Un buen desayuno, para empezar

El desayuno, pues, debería ser la comida más importante del día, porque al levantarte, tras unas ocho horas de sueño, tienes que afrontar las actividades físicas y mentales de todo una jornada. Necesitas energía. Hay que ingerir, pues, alimentos que te sacien y que te la proporcionen. Iniciar la jornada yéndote al instituto con un simple café o chocolate con leche, unas galletas o bollo no es suficiente para estar bien nutrido.

Y no debes saltarte el desayuno nunca, pensando que así adelgazas. Para adelgazar, si es que lo necesitas, deberías más bien reducir azúcares y grasas, beber mucha agua y hacer ejercicio. Lo más adecuado, no obstante, es que te pongas en manos de un especialista quien, tras determinadas pruebas para conocer tu estado de salud, te pondrá la dieta adecuada para tu edad y tus características personales. Ahí van algunas sugerencias:

Desayuno equilibrado

Zumos de frutas o
1 o 2 piezas de fruta

Leche, yogur o
queso blanco

Cereales
Tostadas de pan integral
Galletas integrales

Tentempié de la mañana

- ✔ Una manzana
- ✔ Frutos secos
- ✔ Pan con queso
- ✔ Una barrita de chocolate
- ✔ Agua (¡mucha!)

Trastornos de la alimentación

Si bien tratar apropiadamente tu cuerpo, en cuanto a la alimentación se refiere, no es difícil aunque requiere cierta disciplina, hay ciertos trastornos de la alimentación a los que eres particularmente sensible por tu edad. Nos referimos a la anorexia nerviosa y a la bulimia nerviosa. ¿De qué se trata?

Son unas alteraciones de la conducta alimentaria que pueden tener como origen diversas causas:

✓ Ambiente familiar.
✓ Conflictos emocionales.
✓ Influencias y expectativas sociales.

La anorexia y la bulimia no son los polos opuestos de una misma enfermedad, sino dos enfermedades distintas, aunque comparten ciertos rasgos comunes.

Anorexia nerviosa

La padecen tanto chicos como chicas, siendo más frecuente en éstas. ¿Cuáles son los síntomas más comunes en este trastorno? Generalmente, y siempre teniendo en cuenta la especificidad de cada persona, suelen darse los siguientes:

Síntomas de la anorexia

✓ Pérdida de peso voluntario.
✓ No aceptar tener el peso mínimo normal para la edad y complexión.
✓ Sentir un miedo extremo y exagerado ante la idea de ganar peso.
✓ Alteración de la imagen corporal: se exageran y sobrevaloran las dimensiones del cuerpo.
✓ Falta de autoestima ya que está ligada a la imagen corporal.

✓ En las mujeres, se observa la falta de tres menstruaciones seguidas, como mínimo. Este fenómeno es conocido como amenorrea.
✓ Disminución del deseo sexual y de la potencia sexual.
✓ Si la anorexia sobreviene antes de la pubertad, ésta se retrasa visiblemente, no dándose los cambios físicos propios de este período.

Hay factores que predisponen a estos dos trastornos, es decir, que el individuo ya viene con unas características biológicas, familiares o de su historia personal que le hacen ser más proclive a la enfermedad; otros factores los precipitan o desencadenan; y finalmente, otros los mantienen.

Existen dos tipos de anorexia:
- ✓ Anorexia restrictiva.
- ✓ Anorexia bulímica.

Las anoréxicas restrictivas se someten a dietas muy restrictivas y a ejercicio intenso, pero no se dan atracones de comida.

Las anoréxicas bulímicas recurren a las purgas (vómitos, laxantes) para perder peso cuando creen haber comido mucho (atracones), pudiendo también combinar estas prácticas con ejercicios compulsivos. Este tipo es el más grave, ya que se suma al resto de los comportamientos, el estrés que supone no poder dejar de provocarse vómitos y vigilar constantemente la balanza y las horas dedicadas al ejercicio.

¡verdadero!

Una causa psicológica de la anorexia podría ser el no querer crecer, manteniendo para ello un cuerpo infantil.

Bulimia nerviosa

Este trastorno alterna períodos de compulsión en la comida, ingiriendo grandes cantidades de comida vorazmente, con dietas estrictas, vómitos provocados y toma de laxantes y diuréticos para perder el peso ganado.

También en este trastorno se distinguen dos subtipos:
- ✓ Bulimia purgativa (predominio de vómitos y laxantes).
- ✓ Bulimia no purgativa (predominio de ayuno y ejercicio físico).

Factores que:

✓ **Predisponen:**

- Ser mujer.
- Ser adolescente.
- Haber tenido o tener sobrepeso.
- Carácter muy perfeccionista.
- Baja autoestima.
- Madre obesa.
- Presión social.

✓ **Precipitan el trastorno:**

- Acontecimiento estresante.
- Cambios (de colegio, barrio).
- Separación de los padres.
- Desengaño amoroso.
- Burlas recibidas por la imagen.

✓ **Mantienen el trastorno:**

- Se reduce la ansiedad.
- Se obtiene mayor atención (de amigos, familiares).

¡falso!

La amenorrea te vuelve estéril.

Falso, se puede recuperar el funcionamiento normal.

La anorexia y la bulimia son patologías recientes.

Falso, se tiene constancia de ellas desde muy antiguo.

Es bastante más frecuente en las mujeres, en particular las adolescentes. Los principales síntomas son:

Síntomas de la bulimia

- ✓ Ansiedad o compulsión durante la comida.
- ✓ Sentimientos de culpa tras los atracones.
- ✓ Vómitos.

- ✓ Abuso de laxantes y diuréticos.
- ✓ Alteraciones del ciclo menstrual.
- ✓ Deshidratación.
- ✓ Bruscos aumentos y descensos de peso.

Bulimia y anorexia

Factores comunes

- ✓ Obsesión por la pérdida de peso.
- ✓ Distorsión de la imagen corporal.
- ✓ Ocultación de la conducta.
- ✓ No tener conciencia de que se esté enferma/o.
- ✓ Rechazar cualquier tipo de ayuda.

Factores diferenciales

- ✓ Las anoréxicas presentan síntomas más acusados en la distorsión de la imagen corporal.

La obesidad

Una persona obesa es aquella que tiene un 20% más de su peso, por lo tanto si estás un poco llenito o llenita no debes pensar que lo tuyo es obesidad, sino sólo sobrepeso.

Resulta algo difícil bajar de peso, pero no imposible. Salvo excepciones –hipotiroidismo, por ejemplo, que es una enfermedad hormonal–, la mayoría de las veces se debe a unos malos hábitos de alimentación, a picar constantemente y a la falta de ejercicio. Esto quiere decir que se necesita un gran control y disciplina si se quiere perder esos kilos de más que son motivo de burlas, a veces, por parte de otros jóvenes. Si es tu caso, puede que te sientas dolido, triste y humillado, incluso que te retraigas y no quieras salir de casa. Además, en esos momentos depresivos se suele consolar uno con la comida y así se va agravando el problema. No debes prestar atención a esos comentarios y mucho menos hundirte. Todo lo contrario: reafírmate en tu deseo de adelgazar y cuando estés preparado, ponte en manos de un dietista. No te conviene recurrir a esos regímenes de las revistas que desequilibran tu sistema nervioso, te ponen de mal humor y no son eficaces puesto que al poco tiempo se recuperan los kilos perdidos.

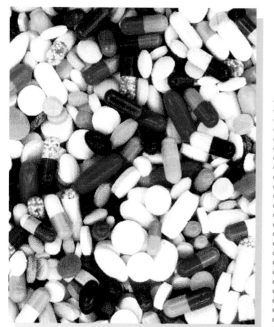

Drogas

¿Qué es una droga?

Puede que hayas oído decir que la televisión, los videojuegos, Internet o incluso el sexo o el amor que sentimos hacia una persona «son una droga».

Esto significa que se han convertido en un hábito tan fuerte para nosotros que no podemos dejar pasar un solo día –a veces ni unas horas– sin entrar en contacto con el objeto de nuestro interés. Sentimos la necesidad imperiosa de satisfacer este deseo como sea, ya que de no ser así nos parece que no podremos seguir «viviendo». Esta necesidad nos hace dependientes o adictos.

Las consecuencias suelen ser muy negativas: en la relación con la familia, porque genera tensiones y desacuerdos; con los amigos, ya que nos aislamos o nos rechazan; y con nosotros mismos, porque no aprovechamos otras maneras de enriquecernos y crecer al estar centrados en aquello que nos «engancha».

Sin embargo, cuando hablamos de drogas, normalmente todos entendemos que son aquellas sustancias que producen algún tipo de efecto en el cerebro afectando al pensamiento, las emociones, al comportamiento y al organismo en general, y que crean igualmente esa necesidad urgente de la que hablábamos antes.

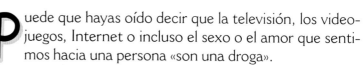

¡dato!

Según los últimos estudios sobre la «teleadicción», los niños y adolescentes que ven la televisión más de una hora diaria tienen cuatro veces más posibilidades de llegar a ser adultos violentos. Además, la televisión ocasiona trastornos como: cansancio, dolores de cabeza o visuales, insomnio y ansiedad.

Características de estas sustancias

✓ **Afectan al cerebro modificando su química.**

✓ **Su uso habitual genera procesos de:**
  - Dependencia.
  - Tolerancia.

✓ **Su abuso produce trastornos:**
  - **Físicos**: afectan al organismo, dañándolo.
  - **Psicológicos**: inciden negativamente en la relación con uno mismo o con los demás.
  - **Sociales**: ocasiona trastornos a la comunidad en la que uno vive.

La dependencia significa que la persona, tras un consumo más o menos regular, no sólo desea consumirla, sino que la necesita de dos formas:

✓ **Psicológicamente:** no puede vivir sin la droga.
✓ **Físicamente:** para poder soportar los síntomas que le ocasiona dejar de consumirla.

Estos síntomas, que varían según se trate de una sustancia u otra, constituyen el llamado síndrome de abstinencia.

Se suelen clasificar en tres grupos según su acción sobre el sistema nervioso central (SNC):

✓ Drogas depresoras.
✓ Drogas estimulantes.
✓ Drogas alucinógenas.

La tolerancia se produce cuando nuestro organismo, habiéndose habituado a la droga, necesita cantidades cada vez más elevadas para que se produzcan los mismos efectos.

¿Son las drogas estimulantes sexuales?

La creencia de que las drogas potencian la sexualidad es una de las principales razones por las que muchas personas quieren probarlas, por eso, a lo largo de este capítulo iremos destacando cómo afectan algunas de ellas a la sexualidad.

A pesar de las falsas creencias, las drogas, como mucho, incrementan el deseo sexual, pero en ningún caso está probado que ayuden a ser más potentes sexualmente.

Aquellos que recurren a ellas con esta intención suelen ser personas inseguras. Creen que sin la droga no serán capaces de iniciar conductas de acercamiento ni de rendir sexualmente llegado el momento. ¿Qué ocurre si una vez tomada la droga, sus expectativas no se cumplen? Pues que su autoestima disminuye aún más, y el problema se va agravando.

Generalmente, los chicos y chicas suelen ingerir drogas para:
• Ligar más.
• Desinhibirse.

• Liberarse de sentimientos de inferioridad.
• Aumentar la autoestima.

• Aumentar su potencia sexual.
• Tener sensaciones más fuertes durante el acto sexual.

Otros jóvenes curiosean en el mundo de las drogas porque creen:

✓ Que les liberarán de sus problemas.
✓ Que no se engancharán.
✓ Que la pueden dejar cuando quieran.
✓ Que no pasa nada la primera vez.
✓ Que serán mejor aceptados por los amigos.
✓ Que les hará parecer mayores.
✓ Que son más libres.

Si quieres disfrutar realmente de tu sexualidad, pon tus cinco sentidos en ello con una mente clara para que sepas lo que haces y con quién. Y sobre todo, sé natural y auténtico.

Es un grave error. Algunas de ellas, como iremos viendo, son efectivamente estimulantes del sistema nervioso central, pero suelen ir seguidas de unos efectos opuestos o «bajones» que en muchos casos son muy graves.

En realidad las drogas:
✓ Te esclavizan.
✓ Te crean problemas.
✓ Alteran tu percepción del mundo.
✓ Deciden por ti.
✓ Te hacen adicto y dependiente.

Es muy importante que estés muy bien informado sobre todo lo relacionado con las drogas.

Por ejemplo, debes saber que las drogas no nos afectan a todos por igual: hay personas que son más sensibles a los componentes, y con menor cantidad experimentan antes ciertas sensaciones y con mayor virulencia.

Si eres chica, consumes drogas y estás embarazada, reflexiona seriamente: cualquier tipo de droga va a afectar a tu bebé, desde las más blandas a las más duras.

Algunas personas que lamentan haberse iniciado en ese mundo dicen:

Empiezas con porros y como ves que lo controlas te vas animando a probar otras cosas creyéndote que seguirás controlando.

Las pastillas están muy adulteradas y no puedes calibrar el verdadero efecto que te hacen. Un día tomas tu dosis habitual bastante menos adulterada y te puedes llevar un buen susto. He visto gente que se quedó en el camino.

No te engañes: cuando bebes, fumas y pruebas otras sustancias no eres tan libre como crees. Hay unos intereses comerciales que mueven todo este mundo, y tú no eres más que uno de sus objetivos. ¿Crees que merece la pena dar tu salud, tu preciosa juventud e incluso tu vida para que alguien se beneficie económicamente?

Son drogas que entorpecen progresivamente el funcionamiento del sistema nervioso central. Bajo sus efectos, el cerebro entra en un estado de «atontamiento» que puede facilitar, al principio, conductas desinhibidas, pero que a mayores dosis podría llevar al coma y a la muerte. En cuanto a la sexualidad, en líneas generales bloquean las respuestas fisiológicas necesarias para poder llevar a cabo la interacción sexual, como pueden ser la erección del pene o la lubricación vaginal.

Alcohol

Trago, copa, copichuela...

Depresor del sistema nervioso central
Es la droga más consumida y la de mayor adicción.

Puede que te preguntes:

¿Por qué no debería tomar alcohol, si es una droga legal y cuando, además, a mi alrededor veo a muchos adultos que lo ingieren de forma habitual?

Grado de alcohol en varias bebidas

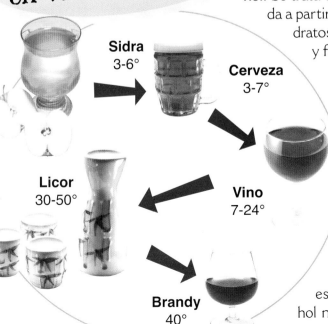

Sidra 3-6°

Cerveza 3-7°

Licor 30-50°

Vino 7-24°

Brandy 40°

Empecemos explicando qué es el alcohol. Se trata de una sustancia tóxica elaborada a partir de la fermentación de carbohidratos vegetales (por ejemplo, granos y frutas).

La primera copa es estimulante pero la realidad es que es una sustancia depresora del sistema nervioso central. ¿Qué significa esto? Que tras la breve euforia, desinhibición y sensación de seguridad del inicio, le siguen los efectos opuestos: lentitud y torpeza físicas y psíquicas.

Según la edad, sexo, talla y complexión, los efectos del alcohol varían de una persona a otra. En el caso de los adolescentes es muy importante tener en cuenta que el alcohol no se digiere, sino que pasa directamente a la

sangre y de ahí al resto del cuerpo y al cerebro. Como estás aún creciendo, la mielina –capa que recubre las fibras de tu sistema nervioso– no está totalmente desarrollada. El cerebro se halla así desprotegido, por lo que el daño cerebral es mayor para ti que para un adulto.

¿Por qué se bebe?

Es una costumbre social que seguramente va asociada a tu idea de lo que es «ser mayor», puesto que has visto a muchos mayores con una copa en la mano: abuelos, padres, primos… o a tus ídolos del cine o televisión.

Ir de copas con los amigos es una forma de sentirnos integrados en el grupo, de «pasar el rato» despreocupados de otros asuntos. Puede que empieces con la única intención de desinhibirte un poco para estar más a gusto con ellos, de no parecer «raro» o de simplemente divertirte un rato, pero lo difícil es parar a tiempo.

Efectos psicológicos

El alcohol suele potenciar el estado de ánimo, tanto si es positivo como negativo, es decir, que si se está deprimido, la depresión puede aumentar, y si se está muy contento te desbordas; de ahí que muchos bebedores se muestren sociables, ingeniosos y divertidos. Pero esto es sólo al principio, tras la primera copa. Más tarde surgen serias dificultades en la asociación de ideas o incluso pérdida de memoria.

En los alcohólicos crónicos pueden aparecer signos de violencia, alucinaciones o demencia alcohólica.

Efectos físicos

Dependerán de la cantidad de alcohol ingerida. Puede presentarse desde torpeza en los movimientos y en el habla, visión doble, somnolencia, hasta el coma y la muerte.

En el plano orgánico, el alcohol está muy relacionado con gastritis, úlcera gastroduodenal, cirrosis hepática y cardiopatías.

mitos

El alcohol aumenta la potencia sexual.
En realidad, puede estimular el deseo, pero impide la acción.

El alcohol ayuda a dormir mejor.
Altera las fases del sueño, perturbando la acción reparadora de éste, con el consiguiente cansancio posterior.

El alcohol da calor.
La piel se calienta, pero produce frío interno.

El alcohol abre el apetito.
Da sensación falsa de hambre, pero en realidad quita el apetito.

Es bueno para el corazón.
No hay evidencia de esto, pero sí de que a la larga produce enfermedades coronarias.

Consecuencias sociales

Los accidentes por conducción en estado ebrio son muy numerosos, lo que ocasiona, aparte del dolor psicológico, gastos sanitarios, policiales y judiciales.

Además, el alcohol es el causante de despidos, divorcios e importantes pérdidas económicas. Sólo tienes que pensar en el gran número de alcohólicos que deambulan por las calles de las grandes ciudades: sin hogar, sin familia, sin trabajo. Generalmente lo han perdido todo por tener conductas irresponsables y violentas, incluso contra los seres que más querían.

Algunos sufren agresiones de parte de otros indigentes, y muchos terminan muriendo solos, en la calle, a veces por el frío y generalmente debido a una parálisis de los centros respiratorios y vasomotor.

La ley y... el alcohol

Según sugiere la Organización Mundial de la Salud (OMS), debería estar prohibida la venta de alcohol a menores de edad.

Conducir bebido se penaliza variando en función de la cantidad ingerida y de las consecuencias.

Cómo afecta el alcohol a la sexualidad femenina

✓ Puede afectar a la lubricación vaginal.

✓ Puedes quedarte embarazada al no estar pendiente de tomar las precauciones pertinentes.

✓ Puedes contagiarte de alguna enfermedad de transmisión sexual.

✓ Estás tan aturdida que no te «enteras» de nada.

✓ Si estás embarazada y bebes regularmente, puedes provocar en tu bebé el síndrome del alcoholismo.

Cómo afecta el alcohol a la sexualidad masculina

✓ Puede estimular el deseo pero impide la acción, impidiendo así la erección.

✓ Puedes dejar embarazada a tu pareja porque estás aturdido y no tomas las debidas precauciones.

✓ Puedes contagiarte de alguna enfermedad de transmisión sexual por las mismas razones.

✓ Puedes aburrir y defraudar a tu pareja.

✓ A largo plazo, genera impotencia.

Heroína

Clorohidrato de diamorfina. Caballo. Propagadora del sida.

Droga pertenecimiente a la familia de los opiáceos.

Forma de consumo

✓ Heroína brown: polvo marrón claro u oscuro que se fuma.
✓ Heroína base: gránulos grises que se fuman o inyectan.
✓ Heroína farmacéutica: en comprimido o ampollas.

Efectos psicológicos

Produce un estado de euforia y sensación de bienestar y placer, desapareciendo el dolor mental y el físico. En dosis pequeñas, el sujeto se siente seguro, más sociable, con ganas de conversar.

Efectos fisiológicos y orgánicos

Tiene efecto analgésico, como la morfina que se obtiene también a partir del opio y es un potente analgésico utilizado en medicina.

En general, provoca disminución del apetito con un posterior adelgazamiento, insomnio, alteración del deseo sexual en la mujer, retraso en la eyaculación, imposibilidad de erección, alteraciones hormonales e infecciones diversas.

La heroína es una de las drogas más peligrosas por sí misma y por los efectos colaterales o que la acompañan, en particular cuando es consumida inyectada.

Los mayores problemas son la sobredosis y el contagio por jeringuillas contaminadas de enfermedades como SIDA, hepatitis, tétanos, paludismo, infecciones cutáneas, etc.

La ley y...
la heroína

Es ilegal en todo el mundo, siendo penalizada, en algunos países, la tenencia y venta con la muerte.

Es una sustancia que causa una rápida adicción (se cree que se produce en la tercera dosis) y una intensa dependencia psicofísica, ya que el sujeto busca al principio un estado de bienestar, y al poco tiempo sólo quiere «no estar mal» («mono» o síndrome de abstinencia), para lo cual se ve llevado a aumentar cada vez más las dosis.

Tranquilizantes

Son recetados por el médico con el fin de calmar la ansiedad y el insomnio.

Benzpdoazepinas. Para la ansiedad.

Depresores del sistema nervioso central. Su efecto principal es sedante.

Forma de consumo

✓ Comprimidos de colorines.
✓ Cápsulas con gel.

La ley y...
los tranquilizantes

Al ser un medicamento, no está penalizada su tenencia.

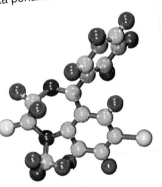

Efectos psicológicos

Abusar de los tranquilizantes puede llegar a hacernos agresivos, irritables y paranoicos (es decir, creer que todo el mundo está contra nosotros).

Efectos físicos

Reducen el ritmo cardíaco, disminuyen la tensión arterial y hacen más lenta la respiración. La persona pierde peso y se queja de agotamiento físico y mental.

Mezclado con alcohol, se potencian el uno al otro, de forma que la ansiedad disminuye tanto que la persona sobreestima sus capacidades, lo que le puede traer consecuencias nefastas.

Barbitúricos

Pepas. Para dormir.

Depresores del sistema nervioso central. Se utilizan como somníferos.

Son drogas hipnóticas, depresoras del sistema nervioso, sedantes en dosis pequeñas e inductoras del sueño en dosis altas. Crean una alta dependencia y un gran riesgo de sobredosis.

El síndrome de abstinencia de esta droga es bastante grave: desde dolores abdominales, ataques de pánico o alucinaciones, hasta la muerte.

Forma de consumo

✓ Comprimidos.
✓ Cápsulas con gel.

Efectos

Sensación de estar «zombi», como si se estuviera ebrio, por su efecto anestésico, aunque no se experimenta ningún estado especial de bienestar. Su acción puede ir de sedante suave a hipnótico por su inducción al sueño.

La ley y...
los barbitúricos

Al ser un medicamento, no está penalizada su tenencia.

GHB

Es un anestésico que se utilizaba como inductor de la anestesia para sedar a los pacientes antes de ser operados. Se ha puesto de moda en discotecas por la creencia de que puede tener cualidades afrodisíacas. Esto no se ha demostrado, pero sí son conocidos sus efectos negativos sobre la respuesta sexual al inhibir el deseo sexual o repercutir tanto en la erección como la eyaculación.

Gamahidroxibutirato.
La que desinhibe.

Depresor del sistema nervioso central.
De moda en discotecas.

La ley y...
el GHB

Por el momento, la posesión de GHB no es ilegal, pero sí lo es su fabricación y su suministro.

Forma de consumo

✓ En forma de líquido comercializado en un tarro, por lo que es llamado también éxtasis líquido.
✓ En comprimido o cápsulas.

Efectos

Son muy parecidos a los del alcohol, es decir, signos de euforia y desinhibición al principio. Más tarde, se producen diferentes estados según la dosis empleada: sedación (adormecimiento y sueño), estados hipnóticos acompañados de náuseas y vómitos; con dosis muy elevadas se puede producir una depresión cardiopulmonar con riesgo de epilepsias.

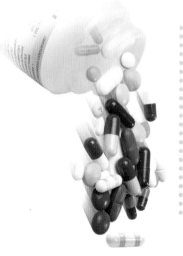

El **GHB**, como la mayoría de las drogas de adicción, no es una especialidad farmacéutica, y por ello no es difícil realizar su síntesis química (es lo que se llama «química casera»); incluso, las «recetas» se pueden encontrar en Internet. Estas «recetas para fabricar GHB» conllevan el calentamiento con sosa caústica (lo cual puede producir quemaduras si lo hacen personas con pocos conocimientos), y se han dado casos de daño esofageal cuando se ha ingerido el producto sin neutralizar la sosa caústica.
Los efectos del GHB están directamente relacionados con la dosis empleada, y el peligro de esta droga es que no hay forma segura de estimar, al ser un líquido, cuál es la dosis en miligramos que hay en cada «cucharada».

Disolventes

Pegamento.
La que se aspira.

Depresores del sistema
nervioso central.
Sustancia química volátil.

Es muy corriente entre los adolescentes que viven en entornos con altos índices de problemática social, económica y familiar.
Puede ser cualquier sustancia que desprenda gases, como propano, butano y benceno, entre otros.
Produce una gran adicción porque sus efectos duran unos minutos y el sujeto tiene que repetir la aspiración con frecuencia para saciar su adicción.

¿Cómo se consumen?

Todos se inhalan echándolos sobre una tela o bolsa de plástico o directamente en la boca. Esto último es más peligroso por los trastornos respiratorios que se producen de inmediato.
Cuando se deja, el síndrome de abstinencia se manifiesta con gran nerviosismo y ansiedad.

La ley... los disolventes

Es delito vender o regalarlos a menores para inhalar.

Forma de consumo

✓ Pegamentos a base de disolventes.
✓ Algunos quitamanchas.
✓ Disolventes de esmaltes.
✓ Líquidos de limpieza en seco.
✓ Gases de petróleo.

Efectos

Los gases respirados tienen efectos euforizantes parecidos a los del alcohol, aturdimiento y mareo, despreocupación, apatía, sentimientos de felicidad seguidos de alucinaciones desagradables y sensación de ser invencible.

signos de una adicción

Cambios en el aspecto físico:
• deterioro del aseo personal y de la vestimenta;
• disminución o aumento de peso;
• cara de agotamiento.

Cambios en el desempeño laboral o escolar:
• ausencias y tardanzas frecuentes;
• discusiones o conflictos en el trabajo;
• disminución del rendimiento académico.

Cambios en las relaciones familiares:
• tensión en las relaciones familiares;
• desconfianza y comunicación evasiva;
• aislamiento del resto de la familia.

Cambios las relaciones sociales:
• deterioro de las relaciones habituales;
• aislamiento;

• aparición de nuevos contactos cuestionables;
• frecuentar sitios peligrosos.

Cambios en las pertenencias:
• ropa manchada de sangre o fluidos;
• dinero que no parece tener origen lógico;
• pérdida inexplicable y frecuente de joyas u otras posesiones de valor;
• aparición de envoltorios conteniendo polvos blancos, hierba u otros materiales.

Cambios en las rutinas diarias:
• episodios de insomnio alternando con períodos de somnolencia extrema;
• falta de apetito alternando con períodos de hambre en exceso;
• falta sin explicación a compromisos familiares importantes.

Preguntas y respuestas

Términos que debes conocer sobre las drogas

volver a experimentar sus efectos y al mismo tiempo evitar el malestar de su abstinencia.

Intoxicación por sustancias

Conjunto de trastornos reversibles causados por la ingestión reciente de una sustancia, que conlleva cambios significativos a nivel psicológico o de conducta y que se manifiestan durante el consumo de la sustancia o inmediatamente después.

Abuso de sustancias

Consumo recurrente de sustancias durante 12 meses que conlleva un deterioro o malestar clínicamente significativo, pero cuyos síntomas no llegan a crear una dependencia de las drogas.

Drogodependencia

Conjunto de síntomas psíquicos y físicos debidos a la acción de una sustancia química caracterizado por modificaciones del comportamiento y por la necesidad de consumir la sustancia de forma continua para

Tolerancia

Disminución gradual de los efectos de una droga por su administración repetida, que conlleva a incrementar la cantidad administrada de la misma para obtener el mismo efecto.

Síndrome de abstinencia

Conjunto de molestias clínicas que aparecen al cesar bruscamente el uso prolongado y en grandes cantidades de sustancias químicas.

Politoxicomanía

Abuso y dependencia de varias sustancias psicoactivas.

Metadona

Sustancia de síntesis derivada del opio que se utiliza como un analgésico similar a la morfina, pero con un efecto sedante menor.

Formas de administración

Hay seis formas de administración: oral (ingestión, mascada o sublingual); pulmonar (inhalada y/o fumada); nasal (esnifada); intravenosa; intramuscular y rectal.

DROGAS ESTIMULANTES

Se caracterizan en general porque producen un estado de euforia, que podría favorecer al principio la respuesta sexual en personas con bajos niveles de excitación. Sin embargo, en personas con características opuestas, es decir, con altos niveles de excitación, estas sustancias podrían causarles síntomas de irritabilidad y nerviosismo, por excesiva estimulación del sistema cardiovascular.

Cafeína

Es una sustancia que se encuentra en el café, el té, el chocolate, refrescos, analgésicos y estimulantes (algunos de los cuales se pueden obtener sin receta médica). Estimula suavemente el sistema cardiovascular y respiratorio.

La más popular.

Estimulante menor del sistema central. Adicción media.

Efectos psicológicos

La cafeína aumenta la concentración, la atención y la energía.

Efectos fisiológicos y orgánicos

Las dosis altas –a partir de las 4 tazas diarias, aunque dependerá de las características personales– provocan nerviosismo, ansiedad, irritabilidad, dolor de cabeza, sueño intranquilo, malestar estomacal y úlceras pépticas.

La ley y...
la cafeína

Su consumo y venta son legales.

Procede de las hojas de té, del grano de café y del cacao (más de 60 plantas la contienen).

Coffea arabica (rubiaceae).

El consumo excesivo puede agravar el síndrome premenstrual y producir quistes benignos en los pechos.

Pitillo, cigarrillo.
La más adictiva.

Estimulante del sistema
nervioso central.
Alta adicción psicológica
y física.

Tabaco

El tabaco también es una droga legal, aunque cada vez hay más leyes que prohíben fumar en determinados lugares. La droga que contiene es la nicotina, siendo esta sustancia tan adictiva que, una vez en el cerebro, la adicción se instaura fuertemente.

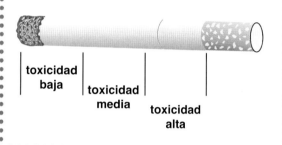

toxicidad de un cigarrillo

toxicidad baja

toxicidad media

toxicidad alta

¿Por qué se empieza a fumar?

La mayoría de las personas que fuman empezaron durante la pubertad y muchas preferirían no haberlo hecho, según ellas mismas han confesado. Entre las razones principales que pueden llevar a fumar se cuentan el ser aceptados dentro del grupo, parecer mayores, imitar a los padres, resultar más sofisticados y atractivos o más libres. Sin embargo, esto último es bastante contradictorio, ya que se termina «esclavizado» por el tabaco, como bien sabes. ¿Por qué no esperar, por tanto, a ser un poco más mayores, y una vez pasado el ferviente deseo de probarlo todo, decidir por ti mismo –sin presiones– lo que quieres hacer?

¡dato!

El tabaco
causa más de
10.000 muertes diarias
en el mundo.

Efectos psicológicos

Una vez instaurado el hábito, las personas suelen seguir fumando porque se sienten más relajadas y se concentran mejor.

La ley y... el tabaco

La venta de tabaco es legal a las personas mayores de edad.

Efectos físicos

El tabaco contiene cuatro sustancias principales que generan diferentes trastornos:
✓ La nicotina produce adicción.
✓ El alquitrán del humo daña los pulmones.
✓ Los irritantes son unos tóxicos responsables de la faringitis, de la tos y expectoraciones de la mañana.

¡costumbre!

Las tribus indígenas lo utilizaban en las ceremonias religiosas por sus propiedades alucinógenas y como medicina debido a sus propiedades curativas.

Historia del tabaco

Al parecer, los primeros que usaron el tabaco fueron los mayas, los cuales quemaban las hojas de la planta y luego aspiraban su humo en ceremonias religiosas.

En Europa el conocimiento del tabaco se produjo con el descubrimiento de América: el marinero Rodrigo de Jerez, enrolado en la primera expedición de Cristóbal Colón, introdujo en España la costumbre de fumar tabaco, que progresivamente se fue extendiendo al resto de Europa (Francia, Portugal, Inglaterra, Italia y Países Bajos).

El primero que trajo a Europa la semilla del tabaco fue Walter Raleigh en 1592.

La controversia acerca de si fumar era bueno o malo empezó muy pronto: en un principio, se usó como remedio casero contra el dolor; mientras que por ejemplo Felipe II, en un documento Real datado en 1586, se refiere al tabaco como una «hierba prohibida y perjudicial».

Tras la Guerra de Crimea (1856), el tabaco en cigarrillo adquirió gran auge, favoreciendo su rápida manufactura y comercialización; pero fue la Primera Guerra Mundial la que encumbró al cigarrillo.

En nuestro siglo, el tabaco es fuente de riqueza para productores, comerciantes, industriales, publicistas y Estado, pero también tiene un gran coste social por las enfermedades y muertes prematuras que ocasiona su consumo.

✓ El monóxido de carbono impide la distribución del oxígeno por todo el organismo, de ahí el cansancio tan habitual en los fumadores.

El tabaco y la sexualidad

En lo que respecta a la sexualidad, no se conoce muy bien cuáles son los efectos del tabaco. Se han dado casos de personas que al padecer arteriosclerosis relacionada con el tabaco, han presentado como consecuencia de ésta ciertos problemas transitorios de erección. En otros casos son las personas con compañeros sentimentales fumadores quienes se quejan de no poder soportar su mal aliento y de que este hecho les afecta en su intimidad, ya que les hace menos deseables.

Epeira vulgares. Anfetas, speed.
Rendimiento antinatural.

Es una sustancia sintética.

Anfetaminas

Las anfetaminas son potentes estimuladores que proporcionan una mayor resistencia de forma antinatural, de composición variable, de manera que nunca se sabe lo que se está tomando.

Efectos psicológicos

Producen una sensación de bienestar, aumento de la autoestima, mayores deseos de conversar, cortos episodios de euforia, mayor alerta, energía y desaparición del cansancio. Muy utilizada por los jóvenes en época de exámenes para aumentar el rendimiento y en regímenes de adelgazamiento porque favorece la pérdida de peso.

La ley y... las anfetaminas

Es legal bajo prescripción médica para control de peso o para tratar la falta de atención, la hiperactividad o la narcolepsia.

Efectos de las anfetaminas en la sexualidad

✓ Incapacidad de alcanzar el orgasmo en ambos sexos.
✓ Problemas de erección.
✓ Debido al carácter desinhibitorio del comportamiento, éste puede ser violento o compulsivo.
✓ Conductas de riesgo como no tomar precauciones para evitar enfermedades sexuales o quedar embarazada.

En dosis bajas, y en ciertas personas, parece potenciar el deseo y la respuesta sexual.

En los conflictos bélicos del siglo XX las anfetaminas se utilizaron de forma profusa para aumentar la resistencia de los soldados.

Efectos fisiológicos y orgánicos

Produce arritmia, sudores, aumento de la temperatura corporal e insomnio. El consumo frecuente de grandes dosis puede llevar a alucinaciones, delirios y comportamiento violento y autodestructivo.

El *speed* es sulfato de anfetamina que se consume en polvo inhalado, como la cocaína, presentando los mismos problemas que ésta por su modo de inhalación.

Cocaína

Raya, polvo, coca, polvo blanco. La del ejecutivo.

Droga psicoestimulante de fuerte adicción psicológica.

La cocaína está considerada por algunos como la droga que más facilita la respuesta sexual, ya que la percepción se agudiza. Sin embargo, este efecto dura escasos minutos, entre 15 y 30, dependiendo además de la persona y de la situación. Tras este breve tiempo se desencadenan los efectos negativos de este potente estimulante, como son la ansiedad y la depresión.

Una variedad, que se infiere fumada, es el crack. Presenta los mismos síntomas que la cocaína pero es más peligrosa porque llega rápidamente al cerebro, alternándose en el sujeto episodios de euforia con depresión.

Efectos psicológicos

Produce sensación de bienestar, sociabilidad, euforia, hiperactividad, mayor resistencia y energía, menor apetito, una actitud de alerta y eliminación del cansancio que pueden convertirse en ansiedad, pánico e ideas paranoides.

¡datos!

En los comienzos del siglo XX, el principio activo de esta droga se utilizaba para elaborar la Coca-Cola y otras bebidas.

Se la llama «droga del ejecutivo» porque quien la toma se siente más ingenioso y más ágil mentalmente.

En las culturas indígenas de Sudamérica desde hacía miles de años era costumbre mascar las hojas de coca por sus efectos estimulantes. La cantidad obtenida para consumo personal era muy pequeña, pero gracias a ella estos pueblos podían soportar el cansancio tras el duro trabajo y la carencia de alimento, ya que la coca reduce el apetito.

Efectos fisiológicos y orgánicos

La cocaína tiene los siguientes efectos: disminuye la fatiga, pérdida del apetito, insomnio, irritación de la mucosa nasal, perforación del tabique nasal, riesgo de infartos, hemorragias cerebrales y cardiopatías.

La ley y...
la cocaína

Su tenencia, venta o cultivo está penalizado por ser una droga «que causa grave daño a la salud».

La cocaína y la sexualidad

Como estimulante del sistema nervioso central puede provocar un aumento del apetito sexual, al principio. Más tarde, aparece desinterés en ambos sexos, y en el hombre, disfunciones sexuales como erecciones dolorosas e incluso impotencia.

Algunas personas creen que aplicada directamente sobre los genitales es estimulante, pero, en realidad, tiene un efecto anestésico, disminuyendo o desapareciendo la sensibilidad en esa zona.

Hierbas estimulantes

Son drogas obtenidas de extractos o mezclas de hierbas que, en principio, no son muy psicoactivas. Llegan a ser peligrosas cuando contienen efedrina, una sustancia que actúa directamente sobre el músculo cardíaco provocando un aumento de su ritmo y palpitaciones. El éxtasis herbáceo es un compuesto de hierbas que se suele vender en cápsulas.

Estimulante del sistema nervioso central.

Efectos psicológicos

Al principio produce un aumento de la energía, de la conciencia y de la percepción, por lo que algunas personas creen que incrementará su potencia sexual, pero como toda sustancia estimulante sus efectos son contrarios.

Efectos físicos

Principalmente causan nerviosismo, temblores, dolores de cabeza, insomnio y palpitaciones.

Estas sustancias provienen de plantas, hongos o de productos de síntesis. Al llegar al cerebro, alteran el funcionamiento neuroquímico de éste, causando un trastorno del sentido de la realidad. La distancia, la dirección, el tiempo y la percepción de formas, texturas, colores y sonidos se ven alterados hasta tal grado que se pueden producir alucinaciones.

DROGAS ALUCINÓGENAS

La compañía que se tenga en ese momento y el estado de ánimo, van a influir en que la experiencia al consumirla resulte más o menos agradable.

Marihuana

María, canuto, porro (hierba), chocolate, costo (resina), hachís (aceite). La de los hippis.

Droga alucinógena.

La marihuana proviene de una planta llamada *Cannabis sativa*. Se ha consumido desde hace más de 8.000 años, principalmente con fines medicinales, como calmante.

Se presenta bajo forma de hierba, de resina y de aceite. En el primer caso se utilizan las hojas y las flores secas de la planta y tiene el aspecto de hierba picada de color verdoso-pardo. Su resina, que es la savia de las hojas y de los tallos, se comercializa por bloques. El aceite se elabora a partir de la resina que se mezcla con disolvente, se unta en papel de cigarrillo o se mezcla con tabaco, fumándose de esta manera.

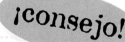
¡consejo!

Efectos psicológicos

Las personas que fuman marihuana se sienten relajadas, sociables, felices y con ganas de conversar. La memoria a corto plazo se agudiza y aumenta la capacidad de concentración, pero este efecto sólo se produce en los consumos ocasionales.

No mezcles marihuana con otras drogas: puede producir deshidratación, parálisis, ataque cardíaco, pérdida del conocimiento y a veces alucinaciones.

A veces te pueden estar dando marihuana mezclada con galletas o bizcochos.

Cambia el estilo perceptivo: pensamientos dispersos, las texturas parecen más suaves y los colores más intensos. Esta sensibilidad perceptiva es la causa de que muchas personas estén convencidas de que la relación sexual es mejor, pero es difícil saber si es la sustancia o las expectativas de quienes la consumen lo que favorece esta creencia.

Su abuso puede provocar ataques de pánico y alucinaciones ya que esta droga tiende a almacenarse en un 50% en la grasa del cerebro, tardando una semana en eliminarse.

Efectos fisiológicos y orgánicos

La ley y...
la marihuana

Cultivar, vender, distribuir o tener marihuana es ilegal.

Después de consumir marihuana, pueden aparecer los siguientes efectos: sequedad en boca y garganta, ojos brillantes y enrojecidos, taquicardia, sudoración, somnolencia y problemas de coordinación.

Según muchos de los estudios realizados, el uso continuado de esta droga retarda los reflejos. Hay estudios que aseguran que el uso habitual produce un cambio en el estilo perceptivo con pensamientos dispersos y desapegados.

Efectos de la marihuana en la sexualidad
✓ Merma la producción de hormonas masculinas y femeninas.
✓ Disminuye la producción de esperma.
✓ Reducción de la lubricación vaginal.

Adán.
Metilenodioximetanfetamina (MDMA). La del «Bacalao».

Droga de diseño que causa adicción alta.

Éxtasis

Es la droga que se utiliza para salir de copas y a bailar porque libera en el cerebro unas sustancias químicas –que también puede producir el simple ejercicio físico– como la serotonina y la dopamina, que alteran el estado de ánimo y la percepción del entorno.

El mundo se convierte en un lugar maravilloso en el que vivir, lleno de colorido, felicidad y amabilidad donde todos aman y son amados. La adicción, pues, radica en querer repetir la sensación de estar viviendo en ese mundo ideal donde no hay que enfrentarse a los estados carenciales emocionales o materiales que tanto angustian.

Por qué se toma

El joven, generalmente «el bacaladero» (persona que baila «bacalao») la utiliza para resistir el baile durante horas y a veces todo un fin de semana al son del «bacalao», tipo de música que se puso de moda en las macrodiscotecas.
Los sentidos se agudizan, por lo que el sujeto percibe con mayor intensidad los colores, la luz y los sonidos.

¡consejo!

Peligro de adulteración

Se vende mezclada con talco, antiparasitarios para perros, anfetaminas, ketamina... El 60% de lo que se vende como éxtasis no lo es.

¡dato!

En 1912, el éxtasis se empleaba en Estados Unidos como medicamento para suprimir o reducir el apetito. Más tarde se observaron sus efectos calmante y estimulador de sentimientos cordiales por lo que los investigadores decidieron utilizar esta sustancia en algunas psicoterapias matrimoniales con el fin de facilitar la reconciliación de las parejas.

Efectos

Aunque no se conoce exactamente los procesos químicos que producen en el cerebro, el efecto principal es una elevación de la temperatura cerebral que puede causar delirio y alucinaciones.

Aumenta, asimismo, la temperatura corporal y la sudoración, sobre todo en lugares muy concurridos y poco ventilados como son las macrodiscotecas, ocasionando una inflamación cerebral si se bebe demasiada agua.

Bajo sus efectos se puede incurrir en conductas peligrosas cuando la persona sobreestima sus capacidades (lanzarse desde gran altura, por ejemplo).

A largo plazo ocasiona insuficiencia renal y hepática, lo que puede causar la muerte.

Efectos del éxtasis en la sexualidad

✓ Tiene fama de afrodisíaco pero no aumenta ni el deseo ni la potencia sexual.

✓ Dificulta el orgasmo en mujeres y en hombres, además, la erección.

La ley y... el éxtasis

Está considerada una droga «dura», al igual que la heroína y la cocaína. Es ilegal tenerla, proporcionarla o venderla.

¡datos!

Una resaca de éxtasis puede ser 10 veces peor que una de alcohol.

El éxtasis mezclado con otras drogas puede intoxicarte y llevarte a la muerte.

Ácido, tripi, pepas, secantes, sellos, puntos.
Ditilamida de ácido lisérgico.

Alucinógeno potente.

Ácido o LSD

Forma de consumo

✓ Minúsculos cuadrados de papel con diversas figuras impresas.
✓ Micro puntos o píldoras diminutas de color.

A un en dosis muy bajas, esta droga produce unos efectos denominados «viajes» o «tripis» que consisten en experiencias muy intensas y extrañas.

Se alteran la percepción externa e interna: se ven escenas en las que las formas, los colores, los sonidos, el espacio y el tiempo están tan distorsionados que las imágenes pueden producir tanto reacciones agradables como de pánico, según las características de cada persona. Pese a lo que se cree, la sexualidad no se ve favorecida por estas alteraciones de la percepción, y aunque para algunas personas el encuentro sexual es «especial», no es por ello más erótico.

Un mal viaje puede ser tan terrorífico, como una horrible pesadilla sin fin, perdiéndose en él todo interés por la sexualidad.

Aunque no se vuelva a consumir, con el tiempo los recuerdos de la experiencia pasada vuelven en forma de «flashback» o efectos recurrentes.

La ley y... el ácido

Existen penas altas en caso de tenencia, tanto para uso personal como para distribución y venta.

Setas alucinógenas

La ley y... las setas alucinógenas

Si son frescas no hay penalización, pero secas o elaboradas tienen la misma que cualquier droga dura.

Forma de consumo

✓ Las setas frescas se comen crudas, cocidas y en infusión.
✓ Las setas secas se fuman en cigarrillo o pipa.

Peyote, mescalina.
Pscilocybe y amanitas.
La del «Mal viaje».

Alucinógeno.

Efectos psicológicos

S on similares a las del ácido, es decir, que provocan distorsiones en la percepción externa e interna, alteraciones de la conciencia y alucinaciones. Las sensaciones generadas pueden ser tanto positivas como negativas, por lo que en lo que respecta a la sexualidad el sujeto puede vivir experiencias gratificantes como verdaderas pesadillas.

Señalar en este tipo de drogas que, en caso de que le pase a algún amigo, puesto que el «mal viaje» no se puede detener, no hay que dejarle solo y se le debe tranquilizar explicándole que lo que ve u oye no es real.

DMT

Dimetitriptamina.

Es una droga psicodélica o alucinógena muy potente.

Forma de consumo

✓ Polvo de color marrón claro.
✓ Cristales blancos de fuerte olor.
✓ Se fuma en pipa de cristal o metal o se ingiere si es polvo.

La ley y... el DMT

La posesión, la tenencia y la distribución están penalizadas.

Efectos

Es una droga alucinógena muy potente; por consiguiente, ni el entorno ni un estado de ánimo apropiado te pueden garantizar un «buen viaje».

Las personas con problemas psicológicos y cardíacos tienen mayores riesgos de sufrir experiencias de terror, pánico y demencia.

Con respecto a la sexualidad, el incremento de las sensaciones visuales, auditivas o táctiles puede favorecer la experiencia sexual, pero esto no es tan frecuente, como sucede con toda sustancia alucinógena.

R.I.P.

Muchos personajes famosos han encontrado la muerte tras un mal encuentro con las drogas:

• Una sobredosis de barbitúricos acabó con la vida de la actriz **Marilyn Monroe** en agosto de 1962 cuando sólo contaba con 36 años.
• **Elvis Presley**, el rey del rock, murió por la misma causa a la edad de 42 años.
• La fulgurante carrera de la rockera **Janis Joplin** acabó en 1970 a causa de una sobredosis de heroína. Tenía 27 años.
• El actor **River Phoenix** murió en 1993, a los 23 años, tras ingerir un combinado letal de heroína, cocaína, tranquilizantes y marihuana.
• En 1988, la multimillonaria griega **Cristina Onassis** apareció muerta tras ingerir una gran cantidad de píldoras.

ENFERMEDADES DE TRANSMISIÓN SEXUAL

Disfruta de la sexualidad, pero utiliza la cabeza y usa un buen método de protección.

Puede que pienses que este tema no te afecta porque estas enfermedades no es «cosa» de jóvenes o que, en tu caso, te darás cuenta enseguida de si alguien «tiene algo».

La verdad es que, según las estadísticas, un alto porcentaje de jóvenes contraen todos los años alguna de estas enfermedades de transmisión sexual (ETS), en particular condilomas (verrugas) y herpes vaginal.

En muchas ocasiones las personas no saben que son portadoras de la enfermedad porque no presentan los síntomas y, en otros, los pueden confundir con signos de otras enfermedades infecciosas. También existen aquellos individuos que no previenen a su pareja sexual por vergüenza o por no privarse del sexo aun sabiendo el mal que pueden ocasionar.

Cuando oyes hablar de «sexo seguro» no se está hablando sólo de los métodos de protección de estas enfermedades y del embarazo, sino también de la responsabilidad que tienes de:

✓ informarte de las ETS más frecuentes (en total hay unas 30);
✓ saber cómo se contagian;
✓ conocer cuáles son los síntomas;
✓ ser consciente de las consecuencias;
✓ reflexionar sobre tu vida sexual;
✓ estar al corriente de la vida sexual de tu chico o chica.

Tómate en serio este asunto: no merece la pena, a cambio de un «excitante» rato de sexo, pasar horas de preocupación, malestar, dolor, e incluso llegar a perder la vida.

Estas enfermedades son conocidas también como enfermedades venéreas, haciendo alusión a Venus, la diosa del amor. Las más conocidas son:

✓ Cándidas
✓ Clamidia
✓ Condilomas
✓ Gonorrea
✓ Hepatitis B

✓ Herpes genital
✓ Ladillas
✓ SIDA
✓ Sífilis
✓ Tricomonas

¡mito!

Las enfermedades de transmisión sexual se pueden contagiar por contacto superficial o al sentarse en la taza del váter.

¡falso!

Si practicas el sexo con alguien que conoces es imposible que contraigas una enfermedad sexual.

Según la actividad sexual, el riesgo de contagio es mayor o menor.

✓**Riesgo muy bajo**
Besos con lengua

✓**Riesgo bajo**
Masturbación mutua

✓**Riesgo medio**
Sexo oral en hombre
Sexo oral en mujer

✓**Riesgo alto**
Coito vaginal
Coito anal

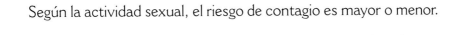

Cándidas

✓**Causante**
Un hongo del género *Candida*.

✓**Síntomas en la mujer**
- Olor fuerte.
- Secreción vaginal y picor.
- Inflamación de las vías urinarias y de la vejiga.

✓**Síntomas en el hombre**
- Enrojecimiento del glande.
- Prurito.

✓**Efectos**
Se produce una inflamación de la vulva y de la vagina (vulvovaginitis) en la mujer y en el hombre una inflamación del surco existente entre el glande y el prepucio (balanitis).

✓**Tratamiento**
Debe aplicarse un tratamiento contra los hongos (fungicida) a los dos miembros de la pareja en forma de crema, supositorios o tabletas. El estrés, el uso de antibióticos o la bajada de las defensas inmunológicas acentúan su proliferación.

Para evitar que la infección se reproduzca, es aconsejable utilizar ropa poco ajustada y ropa interior de algodón.

Clamidia

✓ **Causante**
La bacteria *Chlamydia trachomatis*.

✓ **Contagio**
Contacto cutáneo, oral, anal o vaginal.

✓ **Síntomas**
- Ganas frecuentes de orinar.
- Dolor al orinar.
- Flujo uretral en hombres.
- Flujo vaginal en mujeres.
- Dolor en parte inferior del vientre.

✓ **Efectos**
Puede provocar esterilidad en el hombre y en la mujer. Durante el parto, la madre puede transmitir la infección al hijo y causarle neumonía, infección ocular como conjuntivitis –en algunos casos ceguera– e infecciones de nariz, garganta y vagina.

✓ **Tratamiento**
Antibióticos para ambos miembros de la pareja.

Condilomas

✓ **Causante**
El mismo virus que produce verrugas por otras zonas (*Papilomavirus* humano).

✓ **Contagio**
Cutáneo, sexo vaginal, oral o anal.

✓ **Síntomas**
Verrugas indoloras pero que producen picor dentro o fuera de la región genital.

✓ **Efectos**
Algunos condilomas crecen, se rompen y sangran si no se tratan. Otros parecen estar relacionados con el cáncer de cuello uterino.

✓ **Tratamiento**
El ginecólogo suele quemarlos con calor o frío, extirparlos o quitarlos con láser. Conviene hacer revisiones periódicas para poder detectar a tiempo un posible cáncer de útero por medio de una citología.

Gonorrea

✓ Causante

Un microorganismo llamado gonococo de Neisser.

✓ Contagio

Sexo vaginal, anal u oral.

✓ Síntomas

- Secreción espesa, similar al pus, expulsada por la uretra.
- Ardor al orinar y micción frecuente.
- Aumento moderado del flujo vaginal e inflamación en las mujeres.
- Flujo e irritación anal.
- Fiebre y dolor abdominal.
- Cansancio.

✓ Efectos

Es una infección aguda y altamente contagiosa, que puede convertirse en crónica. En los últimos años ha sufrido un importante incremento en numerosos países.

En el hombre es sintomática pero en la mujer no suele dar molestias, pudiéndose confundir con otras infecciones genitales de menor envergadura. Este hecho hace que la mujer de vida sexual promiscua se convierta en un gran peligro.

Si no se trata puede causar una enfermedad llamada pelviperonitis, de características similares a la apendicitis, que infecta y destruye los órganos genitales internos como el útero y las trompas de Falopio, dejando en muchos casos estéril a la mujer.

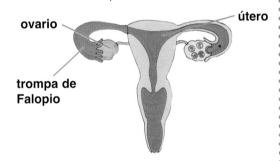

ovario · útero · trompa de Falopio

✓ Tratamiento

Antibióticos para ambos miembros de la pareja.

Hepatitis B

✓ Causante

Un virus que afecta al hígado.

✓ Contagio

Besos (por la saliva), sexo oral, anal o vaginal, jeringuillas usadas, hojas de afeitar, cepillos de dientes, instrumentos para *piercing* o tatuaje infectados.

✓ Síntomas

- Coloración amarillenta de la piel y de los ojos.
- Orina color de té concentrado.
- Náuseas.
- Fatiga y fiebre.

Hepatitis B (cont.)

✓ **Efectos**

El virus inflama el hígado destruyendo parte de sus células y aumentando la bilirrubina, principal pigmento que colorea la bilis. Ésta, al ser expulsada por la piel y la orina, genera importantes infecciones. Algunos portadores nunca tienen síntomas, pero pueden transmitir el virus.

✓ **Tratamiento**

Vacuna e inyecciones de inmunoglobulinas que fortalecen el sistema inmunológico. Además, imprescindible para su curación son el descanso, buena alimentación, abstención del alcohol, aunque, si es crónica, puede reaparecer.

Herpes genital

Para evitar el herpes genital se debe usar preservativo con espermicida.

✓ **Causante**

Un virus llamado *Herpes simplex II*.

✓ **Contagio**

Contacto cutáneo, oral, genital o anal.

✓ **Síntomas**

- Dolor o comezón en la región genital.
- Vesículas llenas de líquido.
- Ulceraciones abiertas y dolorosas.
- En vagina o uretra, úlceras invisibles.
- Episodios recurrentes.

✓ **Efectos**

Como el virus vive alojado en la parte baja de la columna vertebral, se reactiva periódicamente, sobre todo en situación de estrés o cansancio. Si se da a luz durante uno de los brotes de la enfermedad, el bebé puede nacer contaminado.

✓ **Tratamiento**

Las pomadas, los lavados y las cremas anestésicas pueden ayudar a disminuir las molestias. Algunos medicamentos antivirales disminuyen la gravedad y frecuencia de los brotes.

Ladillas

✓ **Causante**

Unos insectos parasitarios llamados *Phthirus pubis*.

✓ **Contagio**

Directo, por contacto con la ropa interior u otro tipo de ropa como sábanas, toallas o mantas de una persona contagiada, además de peines, inodoros y otros artículos personales.

Ladillas (cont.)

¡consejo!

Evitar el contacto con personas contagiadas.

✓ **Síntomas**
- Fuertes picores.
- La zona rascada enrojece y se inflama.
- Pueden aparecer pequeñas manchas azules debido a las mordeduras.

✓ **Efectos**
Los insectos viven en el pubis, pelo o en las axilas, es decir, en la parte vellosa del cuerpo tanto de hombres como de mujeres. Ahí ponen sus huevos, chupan la sangre de la persona afectada y causan picores.

✓ **Tratamiento**
Insecticida de venta en farmacias.

Sífilis

✓ **Causante**
La bacteria *Treponema pallidum*.

✓ **Contagio**
Besos, sexo oral, anal o vaginal.

✓ **Síntomas**
- Úlcera indolora (chancro).
- Aumento de volumen de los ganglios linfáticos de la ingle.
- Erupción en cualquier parte de la piel sobre todo en la planta de pies y manos.
- Fiebre.
- Dolor de cabeza.
- Malestar y dolor en huesos y articulaciones.

✓ **Efectos**
Es una enfermedad compleja que se desarrolla en tres etapas si no es tratada.

En la primera, unos días o semanas después del contacto, aparece una úlcera indolora en la región genital, recto o boca.

En la segunda etapa, se desarrollan unas erupciones con enrojecimientos en cualquier parte de la piel, fiebre baja, dolor de cabeza, sensación de malestar, glándulas hinchadas

En la tercera, después de un período latente, a veces de varios años, se presentan lesiones en el corazón, hígado o deterioro mental.

Si se actúa a tiempo es curable, de lo contrario puede producir la muerte. En embarazadas es posible su transmisión al feto, causándole deformidades e incluso la muerte.

✓ **Tratamiento**
Antibióticos.

¡consejo!

Utiliza métodos de barrera como el condón, el diafragma y el capuchón cervical.

SIDA

Para evitar el SIDA utiliza un preservativo combinado con espermicida.

✔ Causante
VIH o Virus de la Inmunodeficiencia Humana.

✔ Contagio
Sexo oral, vaginal o anal

Esta enfermedad la produce el virus (VIH) que se halla en el semen o en las secreciones vaginales y que pasa al interior del cuerpo a través de los pequeños desgarros de la mucosa vaginal o rectal. También se puede contagiar por contacto directo con la sangre de una persona infectada.

Una vez contraído el VIH, se pueden tardar varios años en mostrar señales de la enfermedad.

✔ Algunos síntomas
- Cansancio persistente.
- Sudoración nocturna.
- Fiebre de más de 37º.
- Aumento de los ganglios linfáticos.
- Diarrea crónica.
- Dolores de cabeza.
- Tos seca y falta de aire.

✔ Efectos
El VIH debilita el sistema inmunitario, hasta tal grado que la persona es muy sensible a todo tipo de enfermedades que, de otro modo, el organismo podría combatir por sí solo.

Es una enfermedad mortal, pero se están logrando importantes adelantos tanto en la investigación como en la mejora de la calidad de vida de los afectados.

Prevenir es la mejor defensa contra esta enfermedad.

✔ Situaciones de riesgo
El riesgo está en aquellas situaciones donde hay un intercambio de fluidos vaginales, seminales o sangre.

Las situaciones de riesgo son básicamente aquellas en las que se comparten jeringuillas, agujas, hojas de afeitar, cepillos de dientes, utensilios de manicura, de pedicura o cualquier objeto donde puedan quedar restos de sangre.

Asimismo, todo contacto sexual sin protección, en el que haya penetración, ya sea anal o vaginal, o el acto de chupar el sexo de un hombre o de una mujer sin protección, también constituyen situaciones de riesgo.

✔ Situaciones de no riesgo
El agua de las piscinas o albercas, es decir, aguas estancadas, no son transmisores del virus, por lo tanto personas sanas y afectadas pueden compartir estos lugares.

Tampoco hay ningún peligro en convivir con enfermos, acariciarles, besarles, tocar sus lágrimas, saliva o sudor.

Los animales no son de ninguna manera transportadores del virus, ni los domésticos ni los insectos por medio de sus picaduras.

¡recuerda!
El virus VIH no discrimina: heterosexual u homosexual, hombre o mujer, joven o mayor. Cualquier persona que no tome precauciones al práticar el sexo puede contagiarse.

Preguntas y respuestas

¿Qué diferencia hay entre un seropositivo y un enfermo de SIDA?

Ambos son portadores del virus VIH y pueden contagiarla. El seropositivo, sin embargo, no ha desarrollado las infecciones que la caracterizan.

Tengo un compañero de clase con SIDA. ¿Me lo puede contagiar si me siento cerca y, por ejemplo, estornuda?

No. El SIDA se contagia por transmisión sexual, por entrar en contacto con la sangre o la madre embarazada enferma a su hijo. Los estornudos no pueden transmitir el SIDA, ni tampoco el estudiar juntos, compartir el pupitre, daros la mano, besaros u abrazaros, comer en el mismo plato, usar los mismos servicios o compartir la ropa.

¿Un enfermo de SIDA puede contagiar a su animal de compañía?
No. El SIDA sólo puede contagiarse de un humano a otro, por lo que ninguna persona puede transmitírselo a su perro, ni tampoco el perro de un enfermo de SIDA puede contagiárselo a nadie.

¡verdadero!

La sangre de la menstruación puede ser portadora del virus.

La madre infectada puede transmitir el virus a través de la leche.

Ante la menor duda...

✓ Acude inmediatamente al médico.
✓ Hazte la prueba del VIH.
✓ Informa a tu chico o chica si te da positivo.
✓ Sigue teniendo EXTREMADA PRECAUCIÓN.

Tricomoniasis

✓ **Causante**
Microorganismo protozoo llamado *Trichomonas vaginalis.*

✓ **Síntomas**
• Secreción vaginal gris o amarillo verdosa y de olor fuerte.
• Picor e irritación en el orificio de la uretra.
• Rojeces en la base del glande.
• Dolor durante el coito.

✓ **Efectos**
El microorganismo causa en la mujer una inflamación de la vulva y de la vagina (vulvovaginitis) y en el hombre, inflamación en el surco entre el glande y el prepucio (balanitis).
Molestias y dolor en el aparato urinario: micciones dolorosas y frecuentes.

✓ **Tratamiento**
Antibióticos.

LA MEJOR PROTECCIÓN, EL CONDÓN

Condones masculinos

El preservativo, llamado también profiláctico o condón, se utiliza desde hace muchos años como método de prevención de enfermedades y de embarazos.

Los hay de piel natural y de látex, y hoy día existe una amplia gama para satisfacer todo tipo de deseos y de fantasías.

Se recomienda el uso de condones de látex para mayor seguridad ya que los de «piel natural» –elaborados con membranas de animales– no protegen lo suficiente porque a través de sus poros pueden pasar ciertos virus, como el del SIDA.

Algunos llevan, además, un depósito en la punta donde queda el semen recogido a la vez que evita que se rompa al quedar un espacio para el aire. Otros llevan un espermicida que destruye los espermatozoides.

Una vez colocado el preservativo, ningún miembro de la pareja debe vivirlo como algo desagradable y fastidioso. No olvidéis que su uso es una muestra de sentido común, respeto y amor por tu compañero sexual, aunque se tratase de un encuentro ocasional.

Con imaginación, puedes incluso convertir esta acción preventiva en parte de los preámbulos amorosos, dejando –en el caso del chico– que tu pareja te lo ponga.

Formas
Rugosos
Contorneado
Con sobrante
Talle grande
Para pene y testículos

Colores
Negros
Azules
Rojos
Verdes
Rosas

Sabores
Chocolate
Menta
Fresa

¡costumbre!

Los egipcios usaban condones para protegerse de infecciones, mordeduras de insectos o heridas.

Preservativo masculino

Ventajas

✓ Es cómodo y fácil de poner.
✓ Es bastante eficaz.
✓ No es caro.
✓ De fácil adquisición (farmacia, supermercados).

Inconvenientes

✓ Hay que parar para ponerlo.
✓ Algunos chicos sienten menos.
✓ Se puede romper.
✓ Se puede salir.
✓ Hay que retirarse justo después del orgasmo.

Cómo ponerse el preservativo

1. Asegúrate de que estás usando un condón en buen estado. Es decir, que lo has comprado reciente- mente, que no está pasado de fecha y que el envoltorio no está deteriorado (roto, arañado, mojado). Para no interrumpir demasiado el momento de mayor excitación, puedes tenerlo ya abierto. Si lo abres con la boca, ten mucho cuidado de no morderlo. Si se rompe, ya no te servirá de protección.

2. El pene tiene que estar en erección para poder colocar el condón. Si no tienes hecha la circuncisión, retira la piel hacia atrás antes de ponerte el preservativo.

3. Sujeta el preservativo por la punta para quitarle el aire, a la vez que lo pones sobre tu pene, si se trata de un preservativo sin depósito. Si no sacas el aire, podría romperse.

4. Desenrolla el preservativo hasta la base del pene. Puedes usar algún lubricante (mejor aquellos que se disuelven en agua, ya que no dañan el preservativo) aplicándolo sobre el condón, no sobre el pene.

5. Una vez que hayas eyaculado, retira el preservativo con cuidado mientras el pene esté aún erec- to. Lo envuelves en papel o lo metes en una bolsa y lo tiras a la basura. Debes lavarte a conti- nuación tu sexo y las manos. Siempre que hagas el amor deberás usar un preservativo nuevo.

Protección para las chicas

De entre todos los métodos anticonceptivos, el **único** que protege de **todas** las ETS es el preservativo de látex, aunque su protección no sea del 100%. Tienen una cierta pro- tección contra la clamidia y la gonorrea:

✓ El espermicida que contiene Nonoxynol-9.
✓ El capuchón cervical con espermicida.
✓ El diafragma con espermicida.

Preservativo femenino

Ventajas

✓ Mayor sensibilidad.
✓ No aprieta.
✓ Más protección.
✓ Se puede usar sin espermicida.
✓ Se puede poner antes del acto sexual.

Inconvenientes

✓ Es costoso.
✓ Es difícil de conseguir.
✓ No resulta muy atractivo ni estético porque queda por fuera.
✓ Puede resbalarse hacia dentro.
✓ Es molesto porque puede hacer ruido.

Para las chicas, y de última actualidad, existe el nuevo condón femenino, más potente y efectivo que el preservativo masculino, que además tiene la ventaja de admitir cualquier tipo de lubricante. Se fabrica con poliuretano, un plástico fino mucho más resistente que el látex.

Tiene dos anillos blandos y flexibles, uno a cada extremo, de diferente tamaño. El más pequeño se encuentra cerrado.

Cómo ponerse el condón femenino

1   Colócate en una posición cómoda, sentada o tumbada, y con las piernas separadas. Suavemente debes ir separando los labios de la vagina, con una mano.

2   Con la otra, sujeta el condón por el anillo de menor tamaño, es decir, la parte cerrada, dejando que el anillo de mayor tamaño quede hacia afuera.

3   La parte cerrada es la que vas a ir introduciendo por la vagina, con la ayuda de los dedos índice, pulgar y medio, hasta que el anillo y la funda se ajusten al cuello del útero. El extremo pequeño estará bien colocado cuando ya no lo sientas.

4   Entonces, debes empujar bien hacia dentro hasta que notes que el anillo se encuentra más allá del hueso púbico, y que la funda está colocada recta en el interior de la vagina. El anillo más grande debe cubrir toda la vulva por fuera para una mayor protección.

Las estadísticas afirman que la mayoría de los adolescentes no utilizan ningún tipo de protección contra las enfermedades de transmisión sexual hasta pasado un año después de iniciar su vida sexual, a pesar de que algunos son bastante activos y tienen más de una pareja.

Es una responsabilidad y una muestra de respeto hacia tu compañero sentimental, aunque sea ocasional, el que te asegures de que no tienes ninguna enfermedad de transmisión sexual. Debes, por lo tanto, hacerte las pruebas pertinentes en el caso de que sospeches alguna posibilidad. Del mismo modo, es necesario que conozcas algunos detalles de la vida sexual de tu chico o chica, es decir, si se ha hecho pruebas, si ha corrido algunos riesgos, etc.

A algunos chicos y chicas os da vergüenza preguntar directamente a vuestra pareja cuando tenéis alguna duda, porque os parece que eso le quita emoción al encuentro o que van a pensar que sois «tontos». Recordad eso de que «más vale ponerse una vez rojo que ciento amarillo». Sea como fuere, nunca olvidéis practicar el sexo seguro en cualquiera de las maneras que hemos ido abordando.

Tan sólo en el caso de mantener una relación monógama y tras haberse asegurado de no padecer ninguna ETS, incluido el virus VIH, se puede correr el riesgo de tener una relación sexual sin protección.

Sin condón, ¡no!

LOS AMORES
EN LA
ADOLESCENCIA

LOS AMORES EN LA ADOLESCENCIA

Amor y sexualidad

QUÉ ES AMOR

Encontrar una definición que, por sí sola, explique lo que es el amor es una difícil tarea porque existen muchos tipos de amores. Nuestro amor puede ir dirigido tanto a alguien como a algo: amas a tus padres, a tus amigos, a tu chico o chica, a ti mismo y a Dios si eres religioso, pero también decimos que amamos a la ciudad donde nacimos, a la naturaleza, a la humanidad, que el niño ama a su peluche o que amamos a nuestro animal de compañía. Además, el amor admite muchos grados de profundidad: hay amores donde se crean lazos muy fuertes y duraderos –como el amor dentro de la familia, los grandes amores, las grandes amistades–; otras veces los lazos son mucho menos poderosos y más fútiles, aunque siga siendo amor –los compañeros de clase, los nuevos amigos que hiciste en las vacaciones, etc.

El significado de la propia palabra amor –más allá de la muerte– nos puede dar una idea del valor que el ser humano le ha otorgado de forma que no hay pueblo o cultura que no lo haya exaltado en su obra artística, dándole así su significado de algo eterno. Por citar algunos mencionaremos las numerosas pinturas de Chagall dedicadas a la pareja, la escultura de Rodin titulada *El beso* o los emotivos *Nocturnos* del compositor romántico Chopin. Los escritores y poetas también dedicaron gran parte de su obra a hablar del amor, por lo que hemos recopilado algunas citas que captan esas diferentes formas que puede tomar el amor. Si pudiéramos unirlas todas –algo imposible– darían una verdadera definición.

El amor es una tontería hecha por dos.

Napoléon Bonaparte.

Quien puede decir cuánto ama, pequeño amor siente.

Petrarca.

l'amour
l'amore
amor **love** *liebe*
η αγάπη

Creo que parte de mi amor a la vida se lo debo a mi amor a los libros.

A. Bioy Casares.

El que no ama no conoce a Dios, porque Dios es amor.

Cita bíblica.

El amor es un estado de locura transitoria.

Ortega y Gasset.

El amor es una amistad con momentos eróticos.

Antonio Gala.

Seguro que tú tienes tu propia definición sobre el amor y te sorprendería oír la de tus amigos. ¡Aquí van algunas de chicos y chicas a los que le hemos preguntado!

testimonios

El amor es esperar a que tu chica esté preparada para hacerlo con ella.

Fernando, 16 años

Cuando pones a alguien al mismo nivel que tú, entonces le estás amando.

Ana, 17 años

¿El amor? Un cosquilleo en el estómago, el corazón te late y sudas.

Sandra, 15 años

Amar es como asomarse a un abismo y encontrarse con el mar.

Laura, 16 años

El amor es pura química.

Luis, 14 años

Hoy día, el amor –y en particular el **desamor**– sigue siendo el tema central de numerosas canciones, películas y literatura, tal vez porque todos –jóvenes y mayores– nos vemos reflejados de algún modo en ellas.

Generalmente al oír la palabra amor pensamos en el amor de pareja, es decir, en el amor que nace entre dos personas que se enamoran, ya se trate de parejas formadas por un chico y una chica, dos chicos o dos chicas. Este tipo de amor adopta también muchos grados: a veces nos basta con ver a la persona que amamos para sentirnos felices –son los amores platónicos–; en el otro extremo están los amores pasionales que sólo se satisfacen con la posesión absoluta del otro.

Ciertos amores son fruto de una época determinada, como el **amor cortés** que nace en la Edad Media entre los caballeros y sus damas, o el **amor romántico** en el siglo XIX. Ambos han dejado su huella en el concepto de amor moderno como veremos más adelante.

Dependiendo de tu edad y circunstancias, los diferentes tipos de amores van apareciendo en tu vida. En la infancia, el **amor de tus padres** es el más importante. Ellos te enseñan a amar y les amas sobre todo porque te aman y les necesitas.

La adolescencia es la etapa de los amores más o menos turbulentos con los amigos a los que también necesitas para tu crecimiento emocional y psicológico. ¡Y por fin llega el **enamoramiento**! Sabías lo que era el amor, pero este sentimiento es absolutamente novedoso. Si tuvieras que describir lo que sientes dirías algo así como que el mundo te parece «más amable, menos raro», como dice una canción, y estás convencido de que la persona de la que te has enamorado es la causante de esa nueva percepción de la vida. Un escritor del Romanticismo español –**Gustavo Adolfo Bécquer**– lo expresó con claridad y sencillez:

> Hoy la he visto,
> la he visto y me ha mirado.
> Hoy creo en Dios.

El enamoramiento no es exclusivo de los adolescentes, sino que se puede dar –y de hecho se da– en muchos otros momentos de nuestra vida como es la madurez o la vejez. Sí, aunque te sorprenda, ¡tus padres y tus abuelos se pueden volver a enamorar! El psicoanalista **Erich Fromm** explica en su libro *El arte de amar* que el amor requiere esfuerzo, aprendizaje, creación y desarrollo y en ese sentido es como una obra de arte. De nuevo aquí estamos haciendo referencia a un amor con mayúsculas, porque hay amores muy etéreos: los amores de verano son un buen ejemplo de ello. Siempre recordarás, por ejemplo, a la chica que conociste hace dos años en la playa, cuánto te gustaba estar con ella y lo guapa que era, pero ya pertenece al pasado y ya no estás como «en las nubes» cuando piensas en ella. Otros nunca mueren, como es el amor dentro de la familia, aunque atraviese momentos de desencuentros.

3ing3 consid

Antes de que nacieras, cuando apenas se había confirmado la fecundación del óvulo por el espermatozoide, tus padres empezaron a pensar en el nombre que iban a darte. Con el nombre, ya estaban manifestando el deseo de tenerte y dándote una identidad. Podemos confundir el deseo y el amor, que en el caso del amor de los padres está muy empa-

EL AMOR EN EL NÚCLEO FAMILIAR

rentado; también cuando deseamos a una persona le decimos que la queremos. Pero no es exactamente lo mismo. La expresión más generosa del amor viene dada por un autor árabe, Ibs: «*Los hijos no son tus hijos, son hijos para la vida. Son flechas lanzadas al infinito. Procura tú lanzarla al cielo y que dibuje el más amplio arco*». Además del deseo, está la experiencia que los padres han tenido de ser amados por sus propios padres. Así, mediante el mecanismo de la identificación con ellos, transmitirán su modo de ser padres, sus cuidados, ritmos alimenticios, maneras de expresar su afecto, etc. Y también hay algo de instintivo, de la propia la naturaleza, por ello el amor materno es un amor incondicional, por ser carne de su carne y sangre de su sangre. Desde tu percepción como bebé y dado que estuviste durante nueve meses en una relación simbiótica con tu madre, no

diferenciabas tu Yo del de tu madre. Sólo a través de un largo recorrido pudiste pasar de esa relación simbiótica a la relación de dos (Yo-Tú) y de ésta a la relación con un tercero, tu padre. Esta relación es la que te permitirá la apertura al mundo y con ello ampliar el mundo de tus relaciones afectivas. La relación al principio, estará más bien idealizada, algunos autores lo prefieren llamar amor narcisista, otros hablan del estadio del «espejo» por ser a través de la mirada de la madre como el niño obtiene un reflejo de su propia valía, su propia imagen reflejada. Es el mito de **Narciso** un ejemplo de esta relación.

Según la mitología, Narciso era un joven muy bello que despreciaba el amor. Se enamora de él la ninfa Eco, quien, rechazada también, se retira a un lugar solitario. Tanto adelgazó por el sufrimiento, que de ella sólo quedó una voz lastimera. Las doncellas despreciadas le piden venganza a Némesis, quien castiga a Narciso haciendo que se enamore perdidamente de su propia imagen, que ve reflejada en una fuente. Muere contemplándose, ajeno al resto del mundo, ante su amor inalcanzable. En aquel lugar brotó una flor a la que se le dio el nombre de narciso.

Las Metamorfosis, Ovidio.

Los siguientes estadios son los que permiten al niño ir «descentrándose», es decir, que pasará de estar centrado en sí mismo a centrarse o interesarse por el exterior. A partir de entonces, entra en contacto con la realidad con la que ya no podrá dejar de contar. Las personas no serán ya seres ideales, y con ello el amor ideal se irá transformando en un amor real, a la persona de carne y hueso con sus capacidades y sus limitaciones.

En cuanto al amor de tus padres hacia ti, no olvides que ellos siempre desean lo mejor –y hablamos de padres ideales– y no quieren obstaculizar tu crecimiento, sino facilitarlo.

Puede que se enfaden contigo si has hecho algo que les disgusta o incomoda –ten en cuenta que ellos han sido educados de otra forma-: alejarte de los preceptos morales o religiosos que te han inculcado, confesarles que eres homosexual o que te has quedado embarazada: ellos siguen amándote. Puedes engordar o quedarte en los huesos, perder el pelo, demacrarte con una enfermedad o terminar en una silla de ruedas: mientras vivan, serás siempre uno de sus grandes amores; para muchos, su gran amor. Hay sin embargo diferencias –por otra parte complementarias– entre el amor materno y el paterno. Éstas se pueden explicar por el rol social que han tenido que desempeñar uno y otro. La madre, al tener que pasar mucho tiempo con el niño, sobre todo en los primeros años de la vida, representa «el hogar, la naturaleza, el suelo, el océano»; el padre, «el mundo del pensamiento, las cosas hechas por el hombre, la ley, el orden, la disciplina, los viajes y la aventura». Nadie –parafraseando a Erich Fromm– volverá a amarte con la incondicionalidad del amor materno, porque de ser así no llegarías nunca a amar como adulto. Es un amor que sólo tiene sentido en esos primeros años de nuestra vida. Más tarde, la madre que ama de verdad a su hijo, debe dejarle crecer y ayudarle a separarse de ella. Resumimos la idea principal de Erich Fromm sobre este tipo de amor:

«El amor materno y el paterno cumplen funciones diferentes e igualmente importantes en el desarrollo del niño. Por una lado, hasta los seis años aproximadamente, necesita el amor incondicional de la madre para adquirir confianza y seguridad en sí mismo al darse cuenta de que se le puede amar por lo que él es. Más tarde necesitará, la guía y autoridad del padre, su amor condicionado a la obediencia, que le será útil para aprender a desenvolverse en la sociedad donde ha nacido».

En la familia, vivimos otros tipos de amores además del de los padres: el de los hermanos, abuelos, tíos y primos. Es la mejor escuela donde puedes aprender casi todo lo que hay que saber sobre las relaciones humanas, es decir, tu comportamiento social, ya que aparte del amor, se dan situaciones de celos, envidias y rivalidades que vas a encontrar más tarde fuera de casa con otras personas y de otras maneras.

Puede que sientas, en algunos momentos, un sentimiento hacia tus padres «como si ya no les quisieras tanto». En realidad, lo que te está ocurriendo es que necesitas distanciarte emocionalmente de ellos, sobre todo, necesitas salir de la dependencia materna. Por esta razón muchos chicos experimentan en esta etapa una cierta aversión por las chicas. Las chicas lo manifiestan más rivalizando con las madres, sobre todo por el amor del padre. Desde el punto de vista afectivo, es la época de los amigos inseparables. ¡Y de las comparaciones! Los padres ya no son esos seres magníficos que todo lo saben. Ahora vas dándote cuenta de que tienen sus defectos, de que no son tan guapos ni tan listos y de que van envejeciendo. A veces los padres de nuestros amigos nos parecen mejores, y eso puede hacer que nos sintamos injustos hacia nuestros padres. No tienes que preocuparte, todos estos sentimientos, aunque desagradables, son de nuevo fruto de la necesidad de separarnos de ellos.

La familia es también un refugio ante las adversidades: se puede contar lo «injusto» que ha sido el profesor de lengua poniendo un examen a última hora, la última faena de uno de tus mejores amigos, con lo «bien que tú te portas con él», o cómo esa chica o chico que tanto te gustaba ha empezado a salir con otro. Si hay una buena comunicación –y eso es asunto de ambas partes–, en los momentos más importantes de tu vida ellos estarán allí, para seguir apoyándote.

Mis padres y mis amigos

—Pasas más tiempo con tu amiga Laura que en casa.
—Es mi mejor amiga, y mi hermano siempre está en medio.
—Podéis estar en tu habitación. Yo me encargo de tu hermano.

Reproches como estos o del estilo de «haces más caso a tu amigo Rafa que a tu padre», son frecuentes en las familias cuando los hijos empiezan a frecuentar a los amigos. ¿Están celosos los padres? Hay que decir que a los padres les cuesta mucho dejar que sus hijos pasen tiempo fuera de casa y se empiecen a relacionar con personas que ellos no conocen. Piensan que les pueden hacer daño o llevarles

por mal camino, y también temen perder su amor. Por eso, a veces, ponen pegas a los amigos sin darse cuenta de que, con esa actitud, el deseo de los hijos de pasar la mayor parte del tiempo fuera de casa, se incrementa.

Si te animas a traer a casa a tus amigos, es muy probable que tus padres se tranquilicen y empiecen aceptarles e incluso a quererles porque ellos sólo desean que tú estés bien. Como tu comportamiento es un poquito variable –a veces te muestras muy adulto y otras muy pequeño–, tienes que comprender que tus padres, en ocasiones, no saben muy bien cómo actuar y puede que se pongan un poco pesados y excesivamente protectores.

Las rivalidades entre hermanos

El complejo de Caín, relatado en la Biblia, es un hecho universal. Piensa en lo que debe sentir el niño cuando es hijo único, el rey de la casa, y de repente le viene un hermanito. Sin entender muy bien por qué, todas las atenciones que recibía, de su madre en particular, se ven suspendidas por la llegada del «otro». Ahí surge la rivalidad, el deseo «asesino» –enfado, rabia– con respecto al que le ha destronado. Este sentimiento suele ir evolucionando a un sentimiento de fraternidad. Para ello los padres educan a sus hijos con frases como: «tienes que querer mucho a tu hermanito que es muy pequeño» o «vas a ayudar a mamá a cuidar del hermanito porque tú ya eres un niño grande» y el niño va viendo que no es excluido. En la familia los hijos necesitan encontrar su lugar, es decir, su identidad para distinguirse de sus hermanos y más tarde del resto de las personas, asegurándose, con ello, de ser reconocidos y aceptados por lo que son. En esto pueden influir el sexo, las expectativas de los padres y el orden de nacimiento, como expresaron con gran claridad dos importantes psicoanalistas:

Sigmund Freud

Carl Gustav Jung

La posición de un niño en la secuencia de hermanos o hermanas es muy importante para el curso de su vida ulterior.

El pequeño mundo de la niñez con su ámbito familiar es un modelo del mundo más grande.

Con respecto al orden, el primogénito de los hermanos, seguramente va a esforzarse por agradar a sus padres y cumplir sus expectativas y así irá haciendo suyos sus valores y formando su identidad; si es el segundo, y si es del mismo sexo que el primero, no le quedará más remedio que buscarse otro camino, muchas veces totalmente opuesto. Los siguientes hijos –si se trata de una familia numerosa– se van a ver igualmente afectados por el orden de nacimiento, pero lo importante es saber que cada uno de nosotros tiene su lugar. Encontrarlo y definirlo cuesta tiempo y esfuerzo pero no hay que desanimarse ya que eso forma parte de nuestro desarrollo y crecimiento.

Los padres, a veces, hacen diferencias entre los hijos y las hijas porque siguen los roles establecidos para cada sexo dentro de la sociedad.

Anoche no llegaste a tu hora.

Pero, papá, si Juan tampoco llegó y a él no le regañas. ¡Y eso que soy la mayor!

No voy a discutir contigo este tema. Te tengo dicho que él es un chico y es diferente.

Esto puede desencadenar rivalidades entre los hermanos, aunque no sólo por la actitud de los padres, sino por la percepción que los propios hijos tienen de los hechos. En este caso es muy probable que la hija sólo vea que es injusto que por el hecho de ser varón al hermano se le hagan más concesiones. Deducirá que su padre es un machista y que a ella se la quiere menos. Puede que se le pase por alto que el padre está siendo ante todo protector, según la educación que él mismo recibió. Esta percepción tan parcial de la realidad causará distanciamiento entre los hermanos que, no pocas veces, persiste aún de adultos.

El incesto, una forma de no-amar

En algunas familias se pueden dar relaciones incestuosas entre padres e hijos o entre hermanos: bajo muestras de afecto –besos, caricias–, al niño se le hace creer que se le ama mucho y que las prácticas sexuales no son más que una evidencia de ello.

El incesto es la mayor manifestación de **no-amor** hacia un niño o adolescente Ni los padres ni los hermanos mayores están para instruir sexualmente al pequeño. Hacerlo es encadenarle –a veces de por vida– a la familia, y ya hemos visto lo necesario que es para su desarrollo emocional y psicológico que al niño se le eduque para abandonar el hogar familiar cuando esté listo para ello. El incesto está prohibido en la mayoría de las sociedades por razones que van más allá de la moralidad y, sin embargo, sigue ocurriendo ya que se denuncia poco, por miedo a perder el cariño del padre incestuoso o a las represalias. Entre hermanos es menos traumático ya que los implicados tienen edades similares y la relación incestuosa se inicia como una forma más de descubrir la sexualidad, pero aún así el hermano que abusa de otro está siendo mezquino y egoísta.

El amor a ti mismo

«**A**ma al prójimo como a ti mismo**»** es una frase que sin duda conoces pero que se interpreta parcialmente. Hay personas que se centran en «amar al prójimo» y se olvidan del resto porque creen que así serían egoístas; otros, se quedan con la segunda parte entendida como «primero yo y después yo». La frase, sin embargo, es una articulación de palabras que forman un todo y no se puede separar sin incurrir en malinterpretarla. «Ama al prójimo como a ti mismo» es igual que decir «ámate a ti mismo como amas al prójimo».

¿De qué maneras demuestras que te amas? Aceptándote tal y como eres, aprendiendo a querer tu cuerpo, preocupándote por enriquecer tu mente con todo aquello que ayude a madurar y a ser mejor persona, rodeándote de personas con cualidades humanas como la empatía, la sinceridad o la honradez. A partir de entonces, serás capaz de amar a los demás porque sabrás tanto dar como recibir.

En los comienzos del cristianismo, se llamaba ágape al banquete fraternal en el que se reunían los primeros cristianos para aprender acerca de las enseñanzas de Cristo, recibir estímulo espiritual y poder así aguantar la persecución de la que eran objeto.
Con el tiempo, esta palabra se extendió al amor que caracterizaba a esas reuniones: un sentimiento altruista y desinteresado que sólo busca el bien del otro. Actualmente, significa el amor que podemos sentir por cualquier ser humano.

Otra forma de expresar amor a los demás es haciendo algo por alguien desinteresadamente. Este tipo de amor se llama amor altruista o **ágape.** Algunos jóvenes se sienten útiles haciendo voluntariado en alguna ONG –organización no gubernamental– o, si no les gustan las asociaciones, ayudando a amigos que los necesitan por diversas causas: si han sufrido un accidente, acompañándoles al médico o si tienen que hacer algún trabajo para clase con el ordenador y no saben, echándoles una mano. Hay chi-

cos que son muy habilidosos con la informática y son de gran ayuda para sus compañeros.

Conductas autodestructivas

No te amas –ni tampoco a tus seres queridos– cuando tienes cualquier conducta autodestructiva. Tomar drogas, abusar del alcohol, conducir de forma temeraria, ir en moto sin casco, practicar el sexo sin protección, herirte con objetos cortantes y hasta robar pequeñas cosas o no ir a clase –aunque te parezca exagerado– pueden estar dentro de estas conductas tanto por las consecuencias inmediatas como por las futuras.

¿Por qué hay jóvenes que reaccionan de esta forma? Las razones son múltiples. Hay jóvenes que quieren experimentar sensaciones nuevas, otros pueden tener un comportamiento arriesgado bajo los efectos del alcohol o las drogas; otras veces se trata de chicos que sufren trastornos emocionales y la conducta de dañarse es una manera de castigarse, sacar la rabia o llamar la atención.

Si es tu caso, debes hablar con alguien de tu confianza y si está sucediéndole a algún amigo o amiga no le juzgues, escúchale e intenta animarle a que acuda a algún centro donde sí le podrán ayudar.

—Maite, me da vergüenza contarte esto, pero… es que hace unos meses que robo en el supermercado. Pequeñas cosas, sabes, pero me da miedo. No sé cómo parar.
—No te preocupes. Tengo un teléfono de ayuda para estos problemas. Pediré cita y vamos juntas. ¿Te parece?

—A mis padres no les importo… Lo van a lamentar el día que me pase con las pastillas…
—¿No crees que deberías contarle a algún psicólogo todos tus problemas en casa? Creo que hay ayudas para las familias que van muy bien.

El **suicidio** es la forma más triste y brutal de demostrar falta de amor por nosotros mismos, y el daño que infligimos a las personas que nos aman es irreparable.

Los adolescentes son muy vulnerables a la idea del suicidio –la gran mayoría confiesa haber pensado en ello– y todos los años se da un alto porcentaje de casos en todos los países del mundo. Algunos le confiesan a algún amigo su intención, otros dejan escrito por qué lo hicieron, y muchos que no lo consiguen

una vez lo vuelven a intentar. El no sentirse amados por sus padres, el temor a confesar su homosexualidad, el miedo al castigo de parte de los padres, el fracaso escolar, el fracaso como persona, los amores imposibles, la muerte de un ser querido, todas estas y muchas otras cosas pueden ser razones que impulsan a un joven a quitarse la vida.

Si alguna vez se te ha pasado por la cabeza, piensa primero en las personas que te aman. Tendrán que vivir el resto de sus días con la pena de haberte perdido y la culpa por no haber estado atentos a tu dolor. ¿Crees que se merecen tanto sufrimiento? No te quedes solo con esos negros pensamientos, háblalo con alguien en quien confíes –siempre existe, aunque tú no lo puedas ver–. Seguro que entre los dos encontráis más de una razón para seguir viviendo. Bajo una fuerte depresión, los problemas se ven distorsionados y el final del túnel no se vislumbra, pero siempre hay una salida.

EL AMOR Y LA AMISTAD

Los amigos son muy importantes en la adolescencia. Gracias a ellos el adolescente puede salir del entorno familiar –eso siempre es enriquecedor– y conocer otros modos de organizarse o de expresar los afectos dentro de la familia: distintas costumbres entorno a las horas de comida, en la manera de guisar o de divertirse. Si te quedas a dormir en casa de un amigo descubrirás que los rituales para irse a la cama no son como en tu casa: hay familias que se dan un beso al acostarse y al levantarse, otras tienen la costumbre de ducharse por la noche en vez de por la mañana y un largo etcétera, costumbres que te ayudarán a comprender que hay «mil maneras de pelar una patata».

A los chicos os suele gustar más hacer cosas con los amigos –jugar al fútbol o con el ordenador, ir de acampada o al cine– que hablar de sentimientos. No es cuestión de una menor sensibilidad, ni mucho menos, sino que es una conducta aprendida, muy arraigada aún en la sociedad. Frases como «los hombres no lloran», o «hablar de sentimientos es cosa de mujeres»

se oyen cada vez menos entre las nuevas generaciones. Aunque hombres y mujeres siempre seremos anatómica y psicológicamente diferentes, hay conductas que son fruto de la educación machista recibida.

Las chicas, por el contrario, pueden pasar largas horas hablando con las amigas de cómo se sienten, sobre todo con la amiga íntima, y muchas se lo cuentan absolutamente todo: desde que han ido a depilarse hasta lo mal que lo han pasado con el último chico. Al parecer, esta forma femenina de relacionarse no es ni exclusivamente occidental ni de esta época como lo muestra el siguiente dato histórico:

Durante siglos, ciertas mujeres chinas inventaron un lenguaje escrito en verso que los hombres no podían comprender, el Nushu.
Dicho lenguaje nació de la necesidad de comunicarse y de expresar sus sentimientos al resto de las mujeres que formaban las hermandades juradas o comunidades de mujeres unidas afectivamente.

En la adolescencia, el **grupo de amigos** es muy importante para poder reafirmar la personalidad, por eso, el joven viste y va peinado como el resto de su grupo. Si éste utiliza una jerga para hablar, tiene ciertas creencias o normas de conducta establecidas, el último en llegar las adoptará con tal de ser aceptado en el grupo, aunque no esté muy de acuerdo con ellas. Aquí, la amistad se demuestra por la lealtad y la solidaridad entre todos los amigos. Esto puede ser bueno si en el grupo hay un espíritu de buena disposición y cariño natural, pero si entras en un grupo donde se han introducido ideas racistas u homófobas, puedes verte arrastrado a conductas violentas, y tener dificultades para que te dejen ir sin más. Por eso, antes de entrar en un grupo, asegúrate de que su filosofía de la vida va acorde con la tuya.

Podemos tener muchos buenos amigos si somos personas muy sociables y extrovertidas, pero los amigos íntimos son más escasos. **El amigo íntimo** es aquél al que sientes más cercano y se parece a ti, bien por afinidades comunes o porque ves que tiene problemas parecidos a los tuyos. Pero aún hay más: te ha demostrado que puedes confiar en él, no te chantajea emocionalmente para satisfacer sus necesidades y puedes decirle libremente que no a alguna propuesta

La amistad debe ser compasiva, libre, dulce y proclive a toda afabilidad y buena disposición.

El verdadero amigo es como otro yo.

CICERÓN

Un amigo es una persona con la que se puede pensar en voz alta.

EMERSON

porque la relación que os une no está basada en dependencias ni exigencias.

Frente al amigo estamos tranquilos porque sentimos que él intenta comprendernos y se abstiene de juzgarnos; pero, ¿qué harías si tu amigo te confiesa algo que tú no compartes o te hace partícipe de un problema que le angustia?

—Tengo que decirte que… nunca he sentido nada por una chica. Creo que soy gay.
—A mí no me importa, aunque te confieso que me sorprende. Me basta con que sigamos siendo amigos como hasta ahora, eso es lo importante.

—Mis padres se separan. No sabes cuánto les odio por hacernos esto.
—Debe de ser muy duro para ti. ¿Has hablado con ellos de cuánto te afecta?

—He cometido un error; me fui a la cama con aquél chico con quien me viste, a pesar de tu advertencia. Fue horrible, me trató tan mal…
—No llores, ya pasó y algo aprendemos con estas cosas. ¿Cómo estás ahora?

—He estado pensando que cuando acabe este curso me iré a estudiar a Inglaterra. Sé que habíamos planeado ir juntas a la Universidad aquí, pero no quiero quedarme con ese «gusanillo» y ahora tengo la oportunidad.
—No pasa nada, de verdad. Me alegro por ti y admiro tu valentía. Cuenta conmigo para apoyarte en lo que necesites.

En la amistad no hay envidias y, como en el amor, los pequeños defectos los pasamos por alto o nos caen en gracia. Sin embargo, algo que nunca debe faltar es el respeto, y la franqueza de expresión, incluso el hacer uso de una crítica constructiva es bueno dentro de la amistad porque ¿quién mejor que alguien que nos quiere para decirnos en qué nos estamos equivocando o podemos mejorar?

No necesito amigos que cambien cuando yo cambio y asientan cuando yo asiento. Mi sombra lo hace mejor.

PLUTARCO

El que busca un amigo sin defectos se queda sin amigos.

PROVERBIO TURCO.

Miguel de Cervantes

Amistades que son ciertas nada las puede turbar.

Según el dicho, hay que «comer muchas veces juntos» para poder decir que se es amigo. Ciertamente, hasta que dos personas no compartan alegrías y penas durante largo tiempo no se podrá concluir que se trata de una sólida amistad.

Las amistades se acaban cuando uno de los dos engaña o defrauda fuertemente al otro, y entonces no es fácil la vuelta atrás, no por orgullo, sino porque posiblemente la relación haya perdido el equilibrio que antes tenía: ya no se comparten las mismas ideas sobre cosas importantes pero, sobre todo, no se entiende la relación de amistad de la misma manera. La mayoría de las veces, las amistades son temporales y el cambio de barrio o ciudad basta para que se desvanezcan; otras, se pierde al amigo porque muere. Afortunadamente, en la adolescencia, estos hechos son raros, pero cuando suceden es muy traumático porque el joven se siente triste, traicionado e impotente y tiene que aprender de forma brutal que todos estamos sujetos a la muerte y que ésta no respeta edades.

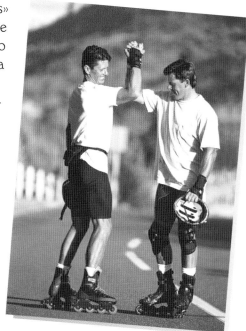

Como ejemplo de profunda amistad basta con la emotiva poesía que Miguel Hernández le dedica a su amigo Ramón Sijé tras su muerte.

«A Ramón Sijé, con quien tanto quería»

Yo quiero ser llorando el hortelano
De la tierra que ocupas y estercolas,
Compañero del alma tan temprano
....
No hay extensión más grande que mi herida
Lloro mi desventura y sus conjuntos
Y siento más tu muerte que mi vida
Ando sobre rastrojos de difuntos,
Y sin calor de nadie y sin consuelo
Voy de mi corazón a mis asuntos

Hay circunstancias en la vida que nos obligan a cambiar de barrio o de ciudad y se nos replantea el buscar nuevas amistades. Si no surgen pronto, tal vez te empieces a sentir **solo** y comiences a pensar cosas como: «no le intereso a nadie» o «nadie me llama y eso que he dejado el teléfono». Sin embargo, hay cosas que están en tus manos: puedes ser tú quien tome la iniciativa y llames a alguien proponiéndole hacer algo juntos. Dependiendo del tipo de actividades que te gusten, puedes ir a bibliotecas, centros culturales donde suele haber gimnasios u otro tipo de actividades lúdicas; allí tienes la ventaja de estar entre chicos y chicas con gustos parecidos a los tuyos. O tal vez, en lugar de entristecerte por ello, te plantees que, puesto que tienes más tiempo libre, ha llegado el momento de atender cosas que hasta ahora pasabas por alto, como estar más con tus padres y hermanos o hacer cosas para ti: ¿qué hay de aprender a tocar algún instrumento musical?

No queremos decir que sea tal fácil el hacer nuevas amistades, sobre todo si eres un poco tímido, pero aun así piensa que la timidez puede resultarle simpática y atractiva a algunas personas porque tiene un halo de misterio; además, hay mucha más gente tímida de lo que parece: tras apariencias arrolladoras o de «estar por encima del bien y del mal», se esconde muy a menudo una persona tímida. Con pensamientos como: «no voy a caer bien» o «seguro que me dan de lado si me acerco» te rechazas tú antes de que lo hagan los demás, y no vale que te digas «ya me ha pasado antes», porque las personas son muy diferentes unas de otras.

Si te muestras interesado por los demás de forma sincera y les respetas, seguro que atraerás a las personas que buscan lo mismo que tu: una sólida amistad.

DE LOS CUELGUES A LA PRIMERA VEZ

Antes de llegar al gran amor de tu vida puede que pases por muchos «ensayos» de tipo amoroso que aunque pueden ser muy intensos, tienen en común, por lo general, el ser bastante fugaces. Es frecuente que a los adolescentes os gusten varias personas a la vez, pero esto no es aún enamoramiento, aunque te lo parezca, ya que en éste no hay lugar más que para una sola persona.

Los **cuelgues** (el enamoramiento loco) son bastante habituales tanto en chicos como en chicas, y empezáis quedándoos enganchados con vuestros compañeros de clase. Muchas veces os preguntáis: «¿Y qué puedo hacer para gustarle?». La respuesta es sencilla: sé natural y muéstrate como *tú* eres. Sinceridad e interés por el otro son cualidades, además, que nunca fallan. Los chicos os quedáis «colgados», a menudo, de una chica mayor que vosotros: de la hermana mayor de vuestro mejor amigo –aunque os lleve diez años– de alguna joven profesora o de la vecina del quinto a la que veis hacer *footing* todas las mañanas. Son sentimientos erótico-amorosos, porque suelen tener una fuerte carga sexual, pero que no pasan de ser **amores platónicos** –donde predomina la fantasía–, ya que lo más probable es que ellas no os hagan mucho caso. Algunos chicos sufren mucho, sobre todo si no saben relacionarse bien con chicas de su edad, pero afortunadamente –salvo en caso de fuerte obsesión– son amores que sólo dejan simpáticos recuerdos para contar a nuestros futuros nietos.

Muchas chicas os quedáis «colgadas» de vuestros ídolos de música, y algunas veces de los actores de cine o televisión. Vais a sus conciertos, conocéis todos los pormenores de su vida personal y artística y en vues-

tras habitaciones cuelgan incontables fotos y pósters de ellos. No hay que negar que lo que sentís es muy fuerte, pero no os confundáis: por mucho que lloréis y gritéis en los conciertos son emociones –momentáneas– y no sentimientos que persisten en el tiempo. No los conocéis aunque sepáis detalles de su vida, ya que en la mayoría de las entrevistas el contenido es superficial y poco sabéis de lo que verdaderamente son como personas. Otras chicas se sienten atraídas por el profesor, porque sienten que las comprenden y les abren los ojos al mundo. Esto puede tener su peligro porque los lazos emocionales son más profundos cuando se conoce a la persona. Algunas chicas sufren también mucho con estos amores que empiezan como simples cuelgues y terminan transformándose en obsesión.

En estos casos, tanto chicos como chicas debéis compartir vuestros sentimientos con vuestros amigos, y llegado el caso, con adultos de vuestra confianza para que os ayuden a desdramatizar estos amores no correspondidos.

Los **flirteos o coqueteos** –que no son sólo cosa de adolescentes– son otra manera de entrar en el juego amoroso. Cuando coqueteamos no somos pasivos, como en el caso del cuelgue, sino que mediante nuestra conducta –miradas intensas, bromas e insinuaciones entre otras cosas– le decimos al chico o la chica que nos gusta que estamos por él. En el flirteo no se busca ningún compromiso, sino que es una especie de tanteo para averiguar si somos correspondidos. Flirtear puede ser muy divertido pero si con ello estás encubriendo una gran inseguridad, falta de autoestima, estás evitando el compromiso continuamente o pones en peligro tu relación de pareja si la tienes, las cosas cambian y deberías reflexionar sobre ello. No olvides, además, que puedes estar ilusionando a otra persona, que se tome en serio tus insinuaciones, y más tarde se sienta frustrada y dolida.

¡He ligado!

Un fin de semana, sales y conoces a alguien. Después de charlar y pasar un buen rato, puede que te animes a darle tu teléfono o te citas directamente para la semana siguiente. Eso se llama ligar, y suele producir mucha satisfacción porque significa que gustas a la gente y que te encuentran atractivo e interesante. El ligue –que suele ser una relación pasajera– puede terminar en una relación se-

xual, pero esto es más común en jóvenes más mayores. Algunas veces puede ser el inicio de algo importante.

Muchos chicos y chicas piensan que si no ligan es porque no valen nada, que no gustan a nadie y que nunca van a encontrar a alguien que «esté por ellos». Estos jóvenes terminan a veces aislándose porque tienen una falta de autoestima muy grande.

No olvides que ligar no es sinónimo de éxito, a menos que todo el éxito que quieras conseguir en la vida sea una lista de ligues. Hay jóvenes muy ligones que llegan a adultos y aún no han encontrado una pareja con quien compartir algo y que siguen ligando toda su vida.

El **ciberromance** está muy de moda y mantener un romance a través de la red puede ser muy excitante ya que se convierte en una especie de juego en el que cabe todo tipo de fantasías. Pero no es tan sencillo, porque la mayoría de los jóvenes buscan verdaderas relaciones afectivas que no saben obtener de otra forma.

Además, es una relación ficticia: sólo conoces un nombre, que como bien sabes, generalmente, es inventado. El resto de la personalidad que tanto te fascina puede ser una «gran» mentira, desde la descripción física que el cibernauta hace de sí mismo, su sexo, sus aficiones, sus gustos, su ideología, hasta la mismísima edad, como estas experiencias reales:

Por otra parte, conviene que tengas en cuenta que esta manera tan artificial y parcial de tener un romance te puede estar privando de conocer a otros jóvenes y aislándote del mundo real.

Algunos jóvenes argumentan que hay casos en los que el ciberromance da resultado y que la gente se empareja. La realidad es que en la mayoría de los casos todo queda en agua de borrajas y tú puedes haberte quedado frustrado, con la autoestima por los suelos o puedes haber causado un daño emocional a alguien. Otro asunto a tener en cuenta es cuando te piden una cita después de un tiempo de

testimonios

Tengo varias «novias» por Internet. Les digo que soy discjockey y que tengo veinte años. Les he enviado una foto de mi hermano. Mis amigos y yo nos partimos de risa con lo que me dicen.

Carlos, 15 años

Estuve hablando por Internet un año con una chica. Cuando quise conocerla y le rogué insistentemente que nos viéramos, me confesó que era una mujer de setenta años. Es lo más frustante que me ha pasado en la vida.

Pedro, 18 años

Mi amiga me dice que no puedo estar enamorada del chico con quien mantengo una relación por Internet. Sé todo de su vida y él de la mía. Estoy segura de que él siente lo mismo por mí.

Eva, 14 años

ciberromance. Siempre debes citarte en un sitio público y haberle dicho a algún amigo o amiga dónde has quedado. Se dan muchos casos de engaños y de captación de chicas o chicos para la prostitución a través de este medio.

La primera cita

¿**Q**uién toma la iniciativa para la primera cita? Hasta hace poco estaba claro que era el chico quien tenía que proponerlo, ya que a las chicas sólo les estaba permitido insinuarse con discreción. Ahora lo puede proponer tanto el chico como la chica sin que a ésta se la considere una «fresca» o peor aún, una «golfa».

Generalmente, en la primera cita nos hacemos una idea de si realmente nos gusta el chico o la chica. Es también la ocasión de ver qué clase de persona tienes delante: si te trata bien, si es educada, comparte los gastos contigo, respeta tu horario de vuelta a casa, si se interesa por tus cosas y no se limita a contarte su vida. Todos estos datos pueden parecerte insignificantes si te gusta la persona, pero mucha gente lamenta no haberles prestado más atención cuando empezaron a salir con alguien.

En cuanto a las relaciones sexuales, en la primera cita lo habitual es que sólo se den besos y caricias. Es la manera de percibir cuánto nos atrae el otro: a veces, nos puede gustar mucho alguien, pero tras el beso o el contacto con su mano nos damos cuenta de que no le podemos soportar.

Las primeras citas están llenas de emoción y tal vez te sientas como en una nube porque por fin vas a estar con un chico o una chica que te gusta mucho. Aunque os conozcáis, ninguno sabe muy bien cuáles pueden ser las expectativas del otro: uno puede estar pensando en «hacer manitas», y otro llegar a algo más. Sin pretender quitarle romanticismo a esta ocasión tan especial, no está de más ser prudentes: tener muy claro hasta dónde estamos dispuestos a llegar es una manera de serlo. Embarazos no deseados, incluso violaciones, pueden darse en esas primeras citas, tanto si se trata de conocidos como de desconocidos.

La primera vez

Hace algunos años, muchas chicas tenían su primera experiencia sexual cuando se casaban y los chicos con alguna chica más liberal, para la época, o con alguna prostituta. Actualmente, lo habitual es que esta primera vez sea con el chi-

co o la chica con quien se sale, con algún amigo o con un ligue. Las edades de iniciarse sexualmente oscilan entre los dieciséis y diecisiete años para las chicas y un poco antes para los chicos. Los argumentos que ambos dan de por qué deciden tener su primera experiencia son variados, pero giran entorno a la necesidad de ser como los demás.

No tenía un gran interés pero quería salir ya del paso.

Lo hice porque mi chico quería y temía que me dejara por otra.

Estaba harta de que me preguntaran: «¿Sigues siendo virgen?».

Estábamos enamorados y queríamos entregarnos totalmente el uno al otro.

Tenía curiosidad; todos mis amigos lo habían hecho y decían que era genial.

Quería que la primera vez fuese con él porque era mi mejor amigo.

Con o sin amor lo que parece que mueve más a los jóvenes es ser igual que los de su edad, estar a la altura de sus amigos y «seguir la norma» porque ser diferentes es arriesgarse a quedarse solos.

La primera vez no suele ser tan maravillosa como la pintan aquellos otros jóvenes «expertos», sobre todo porque la mayoría exagera o miente para no quedar en ridículo. Además, les preocupa «cómo hay que hacerlo», porque hay mucho mito en torno a que con una buena técnica y habilidad de parte del chico todo está solucionado. Tanto el chico como la chica sienten temores: él de no poder «cumplir» si le ocurre la temida «eyaculación precoz», y le puede obsesionar la idea de no hacer el ridículo; ella teme que le duela y que se le note que no se lo está pasando bien. Con toda esta presión tanto externa como interna, lo normal es que las primeras veces dejen de ser placenteras y que se conviertan en una especie de examen en lugar de una ocasión para comunicar afecto y ampliar la sexualidad. Los que consiguen «aprobar» lo pondrán en su haber de experiencias gratificantes, pero a los que fracasan les puede costar mucho lanzarse una segunda vez.

Tanto en una primera vez como en las siguientes, la clave es la ternura y el respeto. Si eres paciente, afectuoso y no le exiges al otro la experiencia que tú mismo no tienes, los dos estaréis más relajados y el encuentro funcionará mucho mejor.

✓ Encontrarte bien contigo mismo.
✓ Tener una alta autoestima.
✓ Sentirse relajado y a gusto.
✓ Confiar en la pareja.

Estos son los requisitos imprescindibles para que en las relaciones sexuales puedas entregarte y aceptar a tu pareja, algunos de los cuales, como ves, se adquieren con la madurez emocional –de ahí que se diga que el sexo mejora con la edad.

EL ENAMORAMIENTO

Suele decirse que los primeros cinco minutos son cruciales para que nos demos cuenta de si la persona que tenemos delante será nuestro amor, nuestro amigo o pasará por nuestra vida sin pena ni gloria. Esta no deja de ser una opinión más entre las muchas que existen sobre qué es lo que sentimos la primera vez que vimos al que más tarde se convirtió en nuestro amor. Hay quien cuenta que se trataba de alguien que ya le gustaba y que, a medida que se fueron conociendo, se enamoraron. Para otros, el enamoramiento surgió tras una fuerte amistad que se fue transformando en algo cada vez más erótico. En otros casos, nace un sentimiento súbito al ver a alguien por primera vez, a lo que le hemos dado el nombre de **flechazo**, **amor a primera vista** o –más actual – «**química**» o también decimos «**que ha saltado la chispa**». ¿Por qué ocurre esto? Nos encantaría que fuese algo mágico y que nosotros no tuviéramos nada que ver en ello, pero lo más probable es que nos recuerde a alguien del pasado por quien sentíamos afecto o simpatía –aunque no nos demos cuenta en ese momento–, que le sintamos parecido a nosotros –la llamada «media naranja»–, o que tenga características que nosotros no tenemos, como se suele decir: los polos opuestos se atraen.

Al parecer, la forma de enamorarnos tiene mucho que ver con nuestra propia personalidad: en qué valores nos fijamos primero, si somos impetuosos o reflexivos, que tengamos un sentido de la belleza más exótico o tradicional, que seamos confiados o desconfiados por naturaleza: todo va a influir.

En cuanto al amor a primera vista, eso sería lo ideal para no equivocarnos, pero la experiencia humana nos demuestra que es necesario conocer profundamente a alguien para concluir que le amamos. A primera vista todo lo que somos capaces de experimentar es atracción sexual o simpatía, aunque eso sí puede derivar en un amor de verdad.

En lo que todos coincidimos es en que cuando nos enamoramos de alguien nos sentimos atraídos sexualmente, admiramos muchos aspectos de su personalidad, y compartimos gustos. El peso de estos «ingredientes», entre otros, facilitará el que la relación dure días, meses o toda una vida.

Entonces, ¿eso de la media naranja no es cierto? Te estarás preguntando. Lo que no es cierto es que a lo largo de nuestra vida exista sólo una persona que se acople a nuestros deseos y que si no la hemos encontrado no podremos ser felices. Según nos vamos haciendo mayores, pueden aparecer muchas «medias naranjas» porque vamos cambiando. Nuestro chico o chica ideal no es el mismo cuando tenemos quince años que a los treinta.

Seguro que te encanta estar enamorado, ¿verdad? Estás de mejor humor, te sientes con mucha vitalidad y energía, te ves más atractivo –y los demás te lo confirman, porque como dice un proverbio italiano «el amor y la tos no pueden ocultarse»–. Cuando nos enamoramos, preferimos creer que esta transformación la produce esa persona objeto de nuestro amor, porque ella es alguien especial y única. El peligro de esta creencia es que, cuando por alguna razón perdemos a nuestro amor, sentimos que la vida carece de sentido sin él y podemos llegar a desear la muerte. Algunos jóvenes entran en una profunda depresión que, en casos extremos, les ha llevado al suicidio. Sin embargo, si caemos en la cuenta de que nos enamoramos porque queremos, que nosotros somos los que hemos

El flechazo, pura química

✓ La dopamina, norepinefrina, feniletalimina y otras sustancias involucradas en esta emoción anulan la función lógica del cerebro, tomando entonces las riendas el sistema límbico (base de las emociones), lo que provoca una menor integración con el córtex cerebral, causando el enamoramiento.

✓ La oxitocina, hormona sexual que participa en el orgasmo, parece estar involucrada en los sentimientos románticos irracionales.

✓ Cuando el flujo de sustancias químicas se acaba, el «amor» se traslada al córtex, experimentándose entonces el «amor verdadero» o desilusión.

✓ Las personas que van de relación en relación podrían ansiar el sentirse enamorados como si se tratase de una adicción.

✓ En cambio, una pareja estable estimula la producción de endorfinas, que son analgésicos naturales.

decidido que alguien es «súper maravilloso», las cosas cambian. De no ser así, ¿cómo explicas que el chico del que tu amiga se ha enamorado es «increíblemente maravilloso» cuando a ti no te mueve lo más mínimo? ¿O que a ti, la chavala de tu amigo te parezca una sosa cuando él la encuentra divertidísima?

También, puede ocurrir que uno puede creer estar enamorado, cuando en realidad son otras las razones que nos llevan a pensar que es así: tus amigos salen con alguien, te sientes solo o sola aunque tengas amigos, no sabes cómo llenar un vacío emocional o espiritual, tienes miedo de ocuparte de tu propio crecimiento o te ves asediado por un fuerte deseo sexual.

Cuando el amor va unido a la sexualidad surgen diversas formas de amores dependiendo de la intensidad que ponemos en ellos o de las pasiones que suscitan e nosotros: amores sexuales, amores pasionales o eróticos.

Cuando hablamos de **amor sexual** no nos referimos a encuentros sexuales, sino a una relación amorosa en la que predomina la atracción, el deseo y la pasión. Puede ser el inicio de una relación más profunda, pero si no se transforma en otro tipo de amor, tras los primeros días o meses la pareja empieza a aburrirse –excepto cuando están en la cama– y surgen las discusiones y los reproches constantes.

Amor pasional y erótico

Un amor intenso que se ve obstaculizado por alguna razón se va a transformar en una **pasión amorosa** –hay que recordar que la palabra pasión significa *padecer*–, porque lo que caracteriza a este tipo de amor es el sufrimiento y el impedimento. La pasión amorosa arrastra consigo otras pasiones, como celos, sospechas, ataques de ira y odio porque la persona siente que va a perder al ser amado.

De todos es conocida la historia de la hija de Isabel la Católica y Fernando de Aragón, Juana de Castilla. Casada en la adolescencia con Felipe el Hermoso, esta joven esposa ve constantemente en peligro el amor de su marido hacia ella por las continuas infidelidades de éste. A pesar de ello, le amó hasta la locura por lo que la historia le otorgó el sobrenombre de Juana la loca. No existe pasión amorosa sin **amor erótico** porque en ambos la búsqueda es la fusión con el otro y una manera de creer que la hemos alcanzado es la fusión sexual, de ahí que en las relaciones erótico-amorosas los enamo-

Doña Juana la Loca (1877), de Francisco Padilla. Óleo sobre lienzo. Casón del Buen Retiro, Madrid.

rados puedan pasar horas enteras –y días– haciendo el amor y disfrutando del contacto de sus cuerpos hasta la saciedad. Sin embargo, el amor erótico no contiene todos los elementos de la pasión, ya que no hay necesariamente el dolor ni el obstáculo que caracteriza a la pasión.

Los amores **románticos** se caracterizan por la exaltación del sufrimiento. Los enamorados viven largo tiempo atormentados porque no saben si son correspondidos en su amor; una vez despejada esa incógnita, surge otro motivo de sufrimiento: uno de ellos se ve obligado a irse lejos o aparece alguna circunstancia desconocida que les obliga a casarse con otro. Cuando parece que todo vuelve a la normalidad, de nuevo algún acontecimiento viene a perturbar la paz de los amantes: una tercera persona, la enfermedad y finalmente lo irremediable: la muerte. Aunque ésta no es tampoco el fin; gracias a ella los enamorados podrán por fin estar juntos por la eternidad, ya que en el romanticismo sólo la muerte puede unirles.

¿Es posible la sexualidad sin amor?

Para muchas personas es totalmente posible porque no necesitan, para relajarse, estar con la persona amada, ni sentirse queridos para entregarse, sino que les basta con experimentar una fuerte atracción sexual. Estas suelen ser «relaciones de una noche» porque, de seguir viéndose, ambas personas o una puede querer llegar más lejos. El cine nos ha ofrecido buenos ejemplos de este tipo de relaciones: En *Atracción fatal* un hombre y una mujer que se acaban de conocer inician una relación puramente sexual que dura todo un fin de semana y que para él no tiene mayores consecuencias. Sin embargo, la mujer se obsesiona con él y su demanda amorosa se convierte en una pesadilla para ambos. En *El último tango en París* sucede a la inversa: un hombre de mediana edad tiene un encuentro sexual con una joven desconocida y él termina «enganchándose» sentimentalmente, mientras que ella no se ha implicado.

¿Es posible el amor sin sexualidad?

Generalmente en la adolescencia las chicas valoran mucho más el amor y la ternura, buscando principalmente ser comprendidas y queridas. Es muy probable que tu chico sea como un amigo íntimo a quien deseas contarle todo, con quien quieres compartir lo que te ha pasado en el día y con quien quieres pasar todo el tiempo posible, tal y como venías haciendo con tu mejor amiga. Necesitas ser lo más importante para él y llevas mal el que él anteponga un partido de fútbol o pasar un rato con los amigos a estar contigo.

Para el chico, que está en una etapa de mayor efervescencia sexual, las cosas son de otra forma. Quieres mucho a tu chica y te gusta estar con ella y contarle tus cosas, pero, sobre todo, necesitas tocarla, besarla y acariciarla. No tienes tan desarrollado ese sentimiento de complicidad femenino, y si estás distraído con tus amigos puede que se te olvide que has quedado con tu chica. ¡Entonces estás perdido!

La sexualidad gratifica mucho la relación, es como la sal y la pimienta sin las cuales se instaura la rutina y la frustración. Sólo en la pareja que lleva muchos años de convivencia el sexo puede pasar a un segundo plano –aunque nunca debería desaparecer– y el sentimiento de comunión viene dado por otros intereses compartidos.

Hay, sin embargo, un tipo de amor, el **amor místico o religioso,** donde no hay deseo sexual. Para la mayoría de las personas religiosas, amar a Dios es sencillamente obedecerle y cumplir con todos sus mandatos, sin embargo, en algunos casos es un amor de tal intensidad que se confunde con el amor pasional humano. Dos ejemplos de esto los tenemos en san Juan de la Cruz y santa Teresa de Jesús. La primera poesía trata de cómo el Alma va al encuentro del Señor, y en la segunda está claramente expresada la actitud de entrega de la santa. Como puedes apreciar, están todos los ingredientes del amor pasional: el desasosiego ante el obstáculo, el sufrimiento, la búsqueda incesante del amado y la entrega, lo que hace difícil poder desligar el amor religioso del profano en este caso.

Santa Teresa de Jesús

Vivo sin vivir en mí
Y tan alta vida espero
Que muero porque no muero

....

Ya toda me entregué y di
Y de tal suerte he trocado
Que mi Amado para mí
Y yo soy para mi amado.

San Juan de la Cruz

En una Noche oscura,
con ansias, en amores
inflamada.
¡On dichosa ventura!
Salí sin ser notada

....

Buscando mis amores,
Iré por esos montes y riberas;
Ni cogeré las flores
Ni temeré las fieras,
Y pasaré los fuertes y fronteras.

EL AMOR MADURO

Entorno al amor hay también muchas falsas creencias o mitos que aunque parecen inofensivos pueden confundirte cuando eliges pareja. ¿De dónde vienen estos mitos? Principalmente proceden del amor romántico que se ha deslizado en las películas, en la literatura –la llamada «novela rosa»– y en muchas canciones que han hecho del amor romántico un amor ideal.

¡mitos!

El amor, si es verdadero, puede hacer que la relación funcione a pesar de los problemas.

La pareja ideal es aquella que satisface todos los aspectos de su vida.

Sólo con mirarnos supimos que éramos el uno para el otro. Fue un flechazo.

Cada persona tiene su media naranja en alguna parte del mundo.

Si te entiendes en la cama significa que es tu pareja ideal.

¿Por qué seguimos creyendo en ellos? Porque así dotamos al amor de un poder externo a nosotros y nos sentimos menos responsables si no conseguimos enamorar a alguien o si tenemos problemas en la pareja. La realidad es otra: para que una relación funcione se necesita, además de amor, una gran dosis de compatibilidad e intereses comunes y esfuerzo e imaginación por ambas partes para mantener la chispa. Tampoco el sexo, en sí, puede limar las asperezas: las personas pueden entenderse muy bien sexualmente y no tener nada más en común, lo que haría la relación insostenible. Además, aunque el entendimiento fuese muy amplio, siempre hay parcelas de aspectos de nuestra vida que nuestra pareja no podrá satisfacer.

El amor maduro no depende de la edad que tengamos, sino de que individualmente hallamos alcanzado una madurez emocional y psicológica suficiente para saber cómo somos, qué es lo que queremos, tener una alta autoestima y poder expresar sin dificultad nuestros sentimientos, deseos y sexualidad.

También va a influir cómo fuimos tratados de pequeños por nuestros padres y por las personas que nos rodeaban. Según los estudios realizados, los niños que recibieron mucho amor y a los que se les besaba y acariciaba con frecuencia, de adultos son más sensuales que aquellos que tuvieron padres fríos, distantes e inexpresivos.

En las relaciones maduras ambas partes son dos iguales que sienten amor, pasión, ternura, afinidad y solidaridad el uno por el otro y no una relación paterno filial donde uno cuida y el otro se deja cuidar. Estas relaciones son dañinas y aunque pueden tener al principio algo de entrañable, al poco tiempo acaba frustrando a ambos e impide el crecimiento. ¿Cuáles son los ingredientes del amor maduro?

El amor verdadero entre dos personas maduras requiere muchos cuidados. La pareja tiene que buscar **tiempo** para **conversar** –expresarse su amor–, hacer **cosas juntos** –¡reírse y divertirse juntos!– y tener **proyectos** en común; otro componente esencial es la **admiración** recíproca, ya que gracias a ella se fortalece la relación porque mantiene el interés. Además, para que el amor no se asfixie, la pareja tiene que tener la sensación de que también existen por separado, por lo que hay que demostrar siempre respeto a las parcelas íntimas del otro y confiar en él.

> Amar no es mirarse el uno al otro; es mirar juntos en la misma dirección.
>
> A. DE SAINT-EXUPERY.

> Pueden amar los pobres, los locos y hasta los falsos, pero no los hombres ocupados.
>
> DONNE.

> El amor sin admiración sólo es amistad.
>
> AURORE DUPIN.

> El más poderoso hechizo para ser amado es amar.
>
> BALTASAR GRACIÁN.

William Shakespeare

> El amor, como ciego que es, impide a los amantes ver las divertidas tonterías que cometen.

Las personas que se aman están bien juntas, aunque no hagan nada especial, y no necesitan estar todo el tiempo acompañadas por terceras personas. Sólo el paso del tiempo, como en la amistad, demostrará si se trata de un gran amor.

El amor puede existir en todo tipo de pareja contrario a lo que a veces se piensa. En las relaciones homosexuales hay, ante todo, personas con la capacidad de vivir la extensa gama de amores que hemos mencionado. Igual que no pondríamos en duda si una chica lesbiana o un chico gay aman a sus padres, tampoco dudaríamos de que una pareja homosexual se ame profundamente. Dentro de la pareja homosexual se pueden dar las mismas situaciones que dentro de las heterosexuales: fidelidades, infidelidades, celos, etc.

EL DESAMOR

Cuando se sufre de mal de amores se pasa muy mal: no puedes comer, ni dormir, ni concentrarte en nada. Todo lo que sientes es un profundo vacío porque sin él o ella «no puedes vivir» y «la vida no tiene sentido». Sólo nos calma el poder ver al otro, «aunque sea por última vez». La poesía de san Juan de la Cruz describe en una estrofa muy acertadamente el sentimiento ante el desamor: «La herida de amor no se cura, sino con la presencia y la figura». Desde luego todo va a depender de los lazos que se hayan creado: no es lo mismo una relación de unos meses que de unos años. A veces es mejor que se acaben ciertas relaciones porque se instauran demasiadas críticas, demasiados reproches y continuos desencuentros que dan paso al aburrimiento y a la desesperanza.

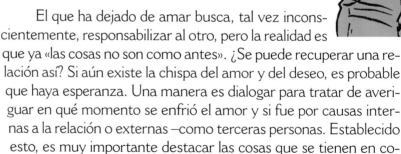

> No soporto que me controles tanto, me asfixias.

> Y yo estoy harta de no saber nunca dónde estás.

> ¿Sabes?, no eres mi madre. No tengo que tenerte al corriente de mis cosas. Si fueras menos agobiante, a lo mejor te lo diría.

> Y yo no tendría que preguntarte si tú me lo dijeras.

El que ha dejado de amar busca, tal vez inconscientemente, responsabilizar al otro, pero la realidad es que ya «las cosas no son como antes». ¿Se puede recuperar una relación así? Si aún existe la chispa del amor y del deseo, es probable que haya esperanza. Una manera es dialogar para tratar de averiguar en qué momento se enfrió el amor y si fue por causas internas a la relación o externas —como terceras personas. Establecido esto, es muy importante destacar las cosas que se tienen en común, resaltar lo positivo de ambos y ver qué se puede aún salvar.

Cuando se trata de infidelidades

Te pueden gustar o puedes amar a dos personas a la vez, pero no puedes —según dice el sociólogo Francesco Alberoni– estar enamorado de dos al mismo tiempo. Cuando se trata de enamoramiento no hay lugar más que para dos personas porque es un «estado naciente, un movimiento a dos».

Por eso, podemos perdonar una infidelidad ocasional –la carne es débil, pensamos para consolarnos–, pero no que nuestra pareja tenga un amante. Eso significa que ya no ocupamos ese lugar privilegiado en su corazón ni en su mente. Por eso, no basta que nos diga que nos sigue amando y menos aún que necesita a las dos, porque cuando estamos enamorados necesitamos serlo todo para el otro como él lo es para nosotros.

Los celos

«**P**uede haber amor sin celos, pero no sin temores», dijo Cervantes. Lo cierto es que tras lo que llamamos celos vulgarmente está el temor de perder al chico o chica que queremos. Imaginar o sospechar que puede estar teniendo la misma intimidad con otra persona produce dolor y rabia, independientemente del tiempo que llevéis juntos, porque lo que importa es que «está conmigo» y eso ha creado ya un compromiso.

Si se trata de relaciones más estables, tal vez tengas razones para la sospecha: es infiel por naturaleza, se ausenta sin justificaciones coherentes o notas que no quiere hacer el amor contigo. Pero otras veces, es más bien la imaginación la que te puede estar jugando una mala pasada. En estos casos, si se dan muy a menudo en tus relaciones afectivas, habría que pensar más bien en inseguridad y falta de confianza en ti mismo. Los hombres reaccionan de forma más agresiva ante la idea de que su chica se haya ido con otro, incluso pueden llegar a agredir físicamente a su pareja o matarlas; las mujeres pueden ser algo violentas formando fuertes discusiones, pero generalmente optan por métodos más astutos como «pillarles» en el engaño o acosarles psicológicamente hasta que confiesan.

La desesperación puede llevarte a vigilar a tu chico o chica, buscar constantemente pruebas de que te «pone los cuernos», registrarle sus bolsillos y objetos personales. Esto sólo empeorará la situación, y lo mejor es siempre el diálogo y la sinceridad. Si todo ha terminado, es mejor afrontarlo cuanto antes, y si tus sospechas eran injustificadas, debes preguntarte si te estás vengando porque ya te lo hizo otra vez, si le estás culpando tus propias inseguridades y miedos o si todo esto está camuflando un deseo tuyo de mayor libertad sexual.

Cuando son celos patológicos –es decir, enfermizos– que te impiden llevar una vida normal y sufres exageradamente por ello, la ayuda de un psicólogo puede aclarar lo que se oculta tras estos sentimientos.

Afrontando la ruptura

El final de una relación puede crear sentimientos de culpa y depresión en una de las partes o en ambas. La realidad es que los dos son responsables –no culpables– de lo que haya ocurrido. Hay que ser sinceros y reconocer que tanto lo que hicimos como lo que dejamos de hacer pudo deteriorar la relación. Eso puede ayudarnos a entrar en próximas relaciones con más madurez y un mejor conocimiento de nosotros mismos para no caer en errores similares.

La tristeza por el final de la relación puede durarte unas semanas si ha sido de poco tiempo o meses en relaciones donde ha habido un mayor compromiso y afecto. Esto lo expresa muy gráfica y acertadamente la canción que dice: «… y tardé en olvidarla diecinueve días y quinientas noches», porque los días se hacen más llevaderos gracias a la compañía de otras personas y de las otras muchas actividades que no tienes que abandonar por muy mal que te sientas. El **«mal de amores»** es un duelo que hay que pasar, pero cuando dura demasiado no es signo –contrario a lo que piensan los románticos– de que se ama mucho, sino, más bien, de que te amas poco a ti y crees que vives gracias al otro. No tienes que reprimir tu dolor, ni pensar que todo fue por tu culpa y que nunca vas a encontrar a alguien igual. Debes dejar salir tu tristeza –o tu rabia– llorando, si hace falta, y hablando con amigos íntimos o con familiares y, en lo más profundo de tu ser, «dejar ir» a la persona que quisiste. Esta es una magnífica manera de hacer duelo y volver a recuperar la ilusión. Y si eres tú el abandonado, recuerda estas palabras anónimas: «No existe el amor, sino las pruebas de amor, y la prueba de amor a quien amamos es dejarlo vivir libremente».

¿Qué pasa cuando no somos correspondidos?

Sin duda que el no ser correspondidos produce frustración, pero tienes a tu alcance muchos recursos, como ser inteligente que eres, mientras te llega el amor. Puedes optar por planear y esforzarte para conseguir pareja haciendo mucha vida social o esperar simplemente a que eso ocurra al azar mientras sigues tu desarrollo personal. Centrarte en actividades creativas como el baile, la pintura, la música, la escritura o cualquier otra actividad de tu agrado es muy reforzante y sacará lo mejor que hay en ti.

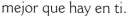

Irse a vivir con los amigos

PENSANDO EN EL FUTURO

> Si se queda a dormir, duerme en la habitación con tu hermano.

> Pero mamá, ¡si yo me quedo muchas veces en su casa!

> Sus padres que hagan lo que quieran. Esta es mi casa y a mí no me gustan esas «moderneces».

Una conversación como ésta puede ser bastante común en muchas familias. A los padres ya les cuesta aceptar que sus hijos tengan una vida sexual antes de vivir en pareja o casarse. ¡Cuánto más el que ocurra bajo su propio techo! Sólo en casos de parejas que llevan varios años juntos se puede ver con cierta normalidad dentro de algunas familias.

Este hecho, unido a un deseo de mayor autonomía, anima a muchos jóvenes a irse de casa una vez cumplida la mayoría de edad. En algunos países europeos existen ayudas gubernamentales para los estudiantes que quieren emanciparse y para los que empiezan su vida laboral, como becas y ayudas para el alquiler de vivienda. Donde no hay este tipo de ayudas, los jóvenes, una vez terminados sus estudios, buscan piso para compartir. Como adolescente, puede que se te cruce ya por la cabeza qué te gustaría hacer y conviene ir ya viendo todo el abanico de posibilidades.

Solteros, en pareja o casados

La ley autoriza a los jóvenes a casarse a partir de la mayoría de edad, o aun antes con la autorización de los padres, pero está demostrado que a esa edad no se ha adquirido aún suficiente madurez emocional como para lanzarse a una empresa de esas características.

Quedarse solteros puede ser también una elección en tu vida, sobre todo si sientes que eres muy independiente y no te gustan las ataduras. Perdura aún la idea de que la persona «se queda soltera», algo así como que no ha encontrado a alguien que la quiera –en el caso de la mujer– o que la aguante –en el caso del hombre. Éste puede ser el caso de algunos, pero hay muchas personas que eligen la soltería como forma de vida y eso es tan digno como la elección de la vida en pareja o el matrimonio.

Una tendencia en la actualidad es tener una pareja y vivir cada uno en su casa. Esta otra opción tiene las ventajas de tener compañía afectiva y sexual de forma regular, pero no es lo ideal para parejas que quieren tener hijos, por lo que es difícil que parejas jóvenes opten por este modo de disfrutar de la vida afectiva durante mucho tiempo.

La vida en pareja sin casarse es otra opción y las parejas se lo plantean cuando ya llevan tiempo de relación, y han comprobado que se complementan y que pueden construir algo juntos. Muchas veces alquilan una casa y prueban la convivencia durante un tiempo. El compromiso en este caso es entre ellos, no hay ningún contrato por escrito que lo contenga. Actualmente, según qué países, hay leyes que aseguran a los miembros de estas parejas que les será reconocido el tiempo de convivencia para que se puedan beneficiar de derechos de herencia como el en caso de las parejas casadas.

Otras parejas optan por el matrimonio civil o religioso, y las edades oscilan entre los veinticinco y los treinta años, ya que muchas parejas esperan a acabar sus estudios y tener

un empleo más o menos fijo. En ambos tipos de matrimonio se tiene que firmar un contrato de matrimonio que les va a garantizar unos derechos y requerir de ellos unos deberes ante la ley o ante Dios si son matrimonios religiosos.

En la mayoría de las sociedades los matrimonios son **monógamos**. ¿Qué significa esto? Pues que el hombre sólo puede estar casado con una mujer y la mujer con un solo hombre. Cuando esto se quebranta y uno de los miembros de la pareja se casa simultáneamente con dos personas, incurre en lo que se llama **bigamia**, conducta que está penalizada en muchos países. En algunas culturas se practica la **poligamia**, generalmente un hombre casado que tiene varias esposas al mismo tiempo. Las religiones musulmanas admiten la poligamia con un máximo de cuatro mujeres si pueden mantenerlas, y otras religiones cristianas, como los mormones, la aceptan igualmente. Existe también otra práctica, la **poliandria**, en la que una mujer es la esposa de varios hombres a la vez.

En la actualidad hay muchas parejas compuestas por dos personas del mismo sexo, que comparten vivienda y una vida juntas, por lo que los colectivos de gays y lesbianas hacen esfuerzos para que se les reconozcan los mismos derechos como pareja que al resto, habiéndoles sido concedido en algunos países el matrimonio civil.

E n la Grecia antigua, como nos relata la *Ilíada* de Homero, hombres y mujeres consideraban que el sexo y el erotismo eran placeres lícitos, tanto dentro como fuera del matrimonio. Este concepto de la sexualidad y del amor estaba muy influenciado por la cultura liberal y naturalista que predominaba en aquél entonces.

EL AMOR EN OTRAS ÉPOCAS

A partir del siglo IV, la sociedad griega se impregna de ideas procedentes de la filosofía espartana que valoraba la autodisciplina rígida, censuraba el lujo y proclamaba la evitación del placer. A esto hay que añadir que, tras las conquistas de Alejandro Magno y el consiguiente intercambio cultural, se introducen filosofías espirituales procedentes de Mesopotamia y de la India, donde se glorificaba el celibato, y se condenaba y culpabilizaba la conducta sexual. Todo esto produjo un cambio importante en la forma de abordar y vivir la sexualidad que va a influir en una obra de gran repercusión mundial que se escribía en ese último período: el Nuevo Testamento, también llamado Escrituras Griegas.

Esta parte de la Biblia no aborda apenas el amor sexual, sino más bien el amor ágape o fraternal que se vivía en las congregaciones cristianas. El apóstol Pablo, particularmente, animaba a permanecer célibes para poder dedicarse más a la obra de Dios.

A partir de entonces, las sociedades occidentales, bajo la influencia de la religión judeo-cristiana, ensalzaron el matrimonio entre hombre y mujer como forma de dar a la relación sexual la aprobación divina y organizarla socialmente. Eran los acuerdos entre familias los que determinaban la elección de pareja sobre todo en la burguesía, movidos por intereses como unir tierras y fortunas o recibir dotes. Los campesinos buscaban con el matrimonio crear una familia para que los hijos ayudaran más tarde como peones en el campo.

Sin embargo, la idea de que el sexo era algo sucio que sólo tenía justificación para procrear estaba profundamente arraigada en las creencias, de manera que los hombres buscaban para satisfacer su placer sexual los burdeles a pesar de que la religión condenaba este tipo de prácticas.

En la Edad Media nace lo que se vino a llamar el amor cortés –entre una dama y su caballero– que abundó en la literatura y en las canciones de la época interpretadas por los trovadores. El caballero –leal servidor de su ama– la cortejaba y protegía en ausencia del señor que se hallaba en los campos de batalla. Generalmente, era un amor basado en la nobleza y la generosidad, una especie de amor platónico donde el contacto sexual estaba prohibido y que tenía, tanto para el caballero como para su dama, el simbolismo de una vía de perfeccionamiento. Pero esto no era siempre así, ya que muchas veces surgía la pasión amorosa, de ahí que algunos autores crean que fue esta época la que dio origen al amor sexual como pasión amorosa. También es en esta época cuando la mujer cobra un mayor valor a los ojos del hombre: conseguir a la mujer amada requería esfuerzo, ya que se trataba de cortejarla con actitudes «caballerescas», algunas de las cuales aún perduran hasta nuestros días: dejar pasar primero a la mujer, abrirle la puerta del coche o regalarle flores.

En el siglo XIX, resurge de nuevo la idea del decoro y autocontrol respecto a las prácticas sexuales. Estamos en plena moral victoriana, que abre paso al amor romántico que resalta el sacrificio y el sufrimiento cuyas influencias perduran hasta nuestros días.

Hoy día, en las sociedades occidentales, hombres y mujeres si se casan lo harán principalmente por amor. En la pareja –casada o no– se aspira a tenerlo todo: al padre o madre de nuestros hijos, al amante y al amigo.

Tres historias de amores imposibles

El ser humano siempre ha perseguido, como amor ideal, un amor donde el **deseo** no acabe jamás. Los múltiples impedimentos alimentan el deseo porque el anhelo de todo amante –estar junto al amado o amada– nunca se alcanza plenamente. Como vimos, en el romanticismo, sólo la muerte puede unir verdaderamente a los amantes, porque ya no existe el obstáculo. Estas tres historias que siguen, aunque ambientadas en épocas diferentes, recogen tanto el amor romántico como el pasional. Como elementos comunes encontramos el impedimento, el sufrimiento y la muerte o su sublimación en el amor místico como salvación para el amor.

Tristán e Isolda

Es una leyenda medieval celta, al parecer bretona, que fue retomada al final del siglo XII en dos poemas franceses de Thomas y de Béroul.

Tristán, servidor de Marc de Cornualles, mata al gigante Morholt quien lo deja herido. Las olas le arrastran a las costas de Irlanda donde es cuidado por Isolda la rubia. Años más tarde, el rey de Cornualles le pide que vuelva a Irlanda a recoger a Isolda ya que ha sido la elegida para convertirse en su futura esposa. En el barco, por error toman un filtro de amor que estaba destinado a los esposos y se enamoran perdidamente el uno del otro. De vuelta a Cornualles, Tristán entrega a Isolda al rey, pero, al no poder soportar estar separados, huyen al bosque hasta que el filtro deja de hacer efecto. Tras múltiples aventuras, Tristán se casa con otra mujer, Isolda de las blancas manos, pero nunca consuma su amor porque sigue enamorado de Isolda la rubia. Con el paso del tiempo, es herido de muerte y le pide a su esposa que haga venir a Isolda, quien se acerca a la costa en una barco con una vela blanca izada, como signo de esperanza. Pero su esposa, por despecho, le dice que el color es negro. Tristán muere, desesperanzado, e Isolda la rubia cuando llega por fin a su lecho, muere también abrazada a su cuerpo.

Romeo y Julieta

Es un drama de Shakespeare basado en una obra de Bandello (1554).

La historia transcurre en la Verona del Renacimiento: dos poderosas familias, los Montescos y los Capuletos, se odian a muerte, pero Romeo, un Montesco, y Julieta, una

Capuleto, son dos adolescentes que se aman con todo el ardor de su juventud. Un francisca-no los casa en secreto. Romeo, tras haber matado a un primo de Julieta es exiliado por el prín-cipe de Verona. Por los acuerdos familiares ella se ve obligada a tener que casarse con un hombre a quien no ama, pero horrorizada ante la idea, se toma una poción que le da el fran-ciscano para fingir su muerte. Cuando regresa Romeo, y sin que le dé tiempo al sacerdote de aclararle la situación, se toma a su vez un veneno, creyendo muerta a su amada. Al desper-tarse, Julieta se apuñala, ya que no puede soportar la idea de vivir sin su amado.

Abelardo y Eloísa

En la Edad Media –época en la que se recrudece la represión de los pecados de la carne– fue muy famosa la historia real de Eloísa y Abelardo que sucedió en Bretaña.

Ella, nieta del canónigo parisino Fulbert, tenía sólo dieciséis años cuando se enamora de Abelardo, de unos cuarenta años, quien, además, era su preceptor. Tras quedar embarazada, Eloí-sa se retira al campo donde da a luz a un hijo. Cuando su tío, quien la había confiado a Abelardo, lo descubre, se enfurece tan-to que, una noche, mientras Abelardo dormía, entró en su habi-tación y le castró. Los amantes tuvieron que retirarse a sendos conventos, desde donde intercambiaron una correspondencia apasionada y de intensa elevación espiritual. Abelardo, quien murió en la más absoluta soledad, fundó un monasterio donde ella se refugió y del que llegó a ser una respetada abadesa.

* * *

En nuestra época –a pesar de la huella que dejaron estos conceptos del amor que acabamos de ver reflejados en estas tres historias– sabemos lo suficiente como para poder vivir de forma más natural, libre y sana toda la extensión de la palabra amor. Aunque sin duda, la idea de que has encontrado «a tu media naranja» y de que «morirías si te deja» es muy excitante, fascinante y dota a la relación amorosa del aspec-to eterno que siempre estamos anhelando, no deja de ser una hermosa fantasía. No es el otro quien te enamora, sino tú quien decide dejarse enamorar por la persona que sin-toniza con tu ideal de hombre o mujer. Puede que a lo largo de tu vida encuentres varias personas que reúnan esas característica o sólo una. En cualquier caso, no es una fuerza invisible –llámesele destino, el cosmos, etc.– quien lo va a determinar, sino tu deseo, y cuando deseamos algo de verdad es cuando el cosmos –o las circunstancias, para los más realistas– se pone de nuestra parte para que lo obtengamos.

Como joven que eres, vas a tener a lo largo de tu vida muchas oportunidades de amar, de muchas formas y a muy diferentes personas. No olvides que en tus manos está que extraigas de todas las experiencias lo mejor y que seas feliz, porque tienes derecho a ello y además porque tienes la obligación y la responsabilidad de conseguirlo.

Glosario

A

Aborto: Interrupción del embarazo involuntaria –accidente, complicaciones médicas, etc.– o voluntaria mediante diferentes métodos.

Adicción: En el caso de las drogas, necesidad incontrolable de consumirlas.

Adolescencia: Período entre la niñez y el estado adulto, en el que se producen profundos cambios tanto físicos como psicológicos que forman parte del desarrollo humano.

Afeite: Producto para embellecer el rostro o el cuerpo.

Ágape: Amor fraternal y altruista.

Alucinógeno: Sustancia que provoca alteraciones mentales.

Amenorrea: Ausencia de menstruación.

Ano: Última porción del conducto digestivo que concluye en un orificio externo.

Anorexia nerviosa: Trastorno de la alimentación que se caracteriza por episodios de restricción del alimento, purgas y ejercicio compulsivo por miedo a engordar.

Anorgasmia: Falta de orgasmo principalmente en el coito.

Anticonceptivo: Cualquiera de los métodos existentes de control de la natalidad, ya sea mediante sustancias hormonales, artilugios u observación de los cambios que se producen durante el ciclo menstrual.

Areola: Zona de piel oscura que rodea el pezón humano.

B

Balinitis: Inflamación del surco que separa el glande del prepucio.

Bigamia: Estado de un hombre o mujer casado con dos personas al mismo tiempo.

Bisexual: Hombre o mujer que siente atracción sexual por ambos sexos.

Bulimia nerviosa: Trastorno de la alimentación que alterna episodios de comer desmesuradamente con otros de restricciones.

C

Caracteres primarios: Cambios físicos que tienen lugar durante la pubertad que capacitan para la reproducción.

Caracteres secundarios: Cambios físicos –vello, nuez, cambios de voz, desarrollo de las mamas, ensanchamiento de las caderas– que se producen durante la pubertad y diferencian a los hombres de las mujeres.

Carl Gustav Jung (1875-1961): Psicoanalista, discípulo de Freud, que consideraba que cada persona posee en su inconsciente una parte o representación del sexo contrario. Denominó «ánima» a la parte femenina en el hombre y «ánimus» a la masculina en la mujer.

Cibersexo: Excitación sexual mediante ver imágenes o «chatear» en Internet.

Ciclo menstrual: Período de tiempo entre dos menstruaciones cuya duración media es de unos veintiocho días.

Circuncisión: Extirpación parcial o total del prepucio, es decir, de la piel que recubre el glande

Citología: Estudio de las células para detectar posibles enfermedades.

Clismafilia: Parafilia en la que el individuo alcanza placer sexual mediante enemas.

Clítoris: Órgano pequeño femenino, situado en el extremo superior de los labios menores de la vulva, de estructura eréctil.

Coito: Acto sexual que consiste en la introducción del pene en la vagina.

Coito anal: Acto sexual que consiste en la introducción del pene en el ano.

Coitus interruptus: Retirada voluntaria del pene del interior de la vagina, antes de que se haya producido la eyaculación.

Compresa: Celulosa desechable que se usa para retener el flujo menstrual de la mujer.

Condón: Funda de látex fino que se coloca sobre el pene erecto antes del coito para evitar el acceso de los espermatozoides a la vagina.

Condón femenino: Funda de látex fino, cerrado en un extremo, que se introduce en la vagina antes del coito para evitar que los espermatozoides penetren en ella.

Conducto deferente: Canal en forma de tubo que transporta los espermatozoides desde los testículos hasta el pene.

Coprofilia: Parafilia en la que el individuo se excita ante las heces, ya sea durante la defecación o con cualquier actividad relacionada con los excrementos.

Cuerpos cavernosos: Cuerpos cilíndricos eréctiles que forman la mayor parte del tronco dorsal del pene o del clítoris.

Cunnilingus: Sexo oral que consiste en la estimulación de los órganos sexuales femeninos externos con la boca y lengua.

D

Dependencia: Necesidad imperiosa de una sustancia para calmar la ansiedad que produce su falta.

Depresora: Aplicado a las drogas, aquella que afecta al sistema nervioso central inhibiéndolo.

Deseo: Apetito sexual.

Desfloración: Ruptura del himen en la primera experiencia sexual de una mujer virgen.

Disfunción sexual: Cualquier problema que obstaculice alguna fase de la respuesta sexual.

Dispareunia: Dolor genital tanto en hombres como en mujeres durante o tras la relación sexual.

DIU (dispositivo intra uterino): pequeño objeto de plástico que se coloca dentro del útero para evitar la implantación del óvulo fecundado en el endometrio.

E

Embrión: Nombre que recibe el feto durante las ocho primeras semanas de embarazo.

Endometrio: Membrana epitelial que recubre la cavidad del útero y lugar de acogida del óvulo fecundado.

Enfermedad de transmisión sexual (ETS): Enfermedad –generalmente vírica o bacteriana– cuya transmisión se produce durante la actividad sexual.

Epidídimo: Pequeño órgano situado sobre el testículo donde se almacenan y maduran los espermatozoides, antes de entrar a los conductos deferentes.

Erección: Crecimiento y endurecimiento del pene, clítoris o pezones, durante la excitación sexual.

Erotismo: Sensualidad que afecta a nuestros sentimientos y emociones.

Escatología telefónica: Parafilia que consiste en experimentar excitación emitiendo obscenidades por teléfono, generalmente a desconocidos.

Escroto: Bolsa de piel rugosa que recubre los testículos, proporcionándoles protección y termorregulación.

Esperma: Secreción gelatinosa que se forma a partir de los testículos, próstata y glándulas sexuales secundarias, portadora de espermatozoides. Llamada también semen.

Espermatozoide: Célula reproductora masculina cuya función es la de fertilizar el óvulo aportando la información genética faltante para dar vida a un nuevo ser.

Espermicida: Sustancia que destruye los espermatozoides.

Esterilidad: Incapacidad para concebir hijos.

Esterilización: Método quirúrgico para impedir la reproducción. Ver vasectomía y ligadura de trompas.

Estimulante: Aplicado a las drogas, aquella que afecta al sistema nervioso central desinhibiéndolo.

Estrógenos: Hormonas femeninas que producen los ovarios y las glándulas suprarrenales en la mujer.

Euforizante: Aplicado a las drogas, aquella que afecta al sistema nervioso central produciendo en él un estado de gran bienestar y optimismo.

Excitación: Primera fase de la respuesta sexual.

Exhibicionismo: Parafilia que se caracteriza por la excitación que experimenta el individuo al mostrar sus genitales externos en público.

Eyaculación: Expulsión de semen por el pene.

Eyaculación precoz: Disfunción sexual en la que el hombre no puede controlar la eyaculación de manera que ésta se produce antes de tiempo.

F

Fantasías eróticas: Pensamientos, imágenes o situaciones que incrementan el deseo sexual y que tienen que ver con personas reales o imaginarias.

Fecundación: Unión del óvulo con el espermatozoide.

Fellatio: Sexo oral, llamado también felación, que consiste en estimular los genitales externos masculinos con la boca o la lengua.

Feromonas: Sustancias secretadas por el cuerpo cuyo olor estimula el deseo sexual y prepara para la cópula.

Fetichismo: Parafilia que se caracteriza por la excitación del individuo ante un objeto inanimado o una pertenencia de otra persona.

Feto: Nombre con el que se designa al ser concebido cuando tiene más de tres meses.

Fimosis: Estrechez anormal del orificio del prepucio que impide que el glande quede al descubierto.

Flujo vaginal: Sustancia gelatinosa expelida por la vagina que en condiciones normales es incolora e inodora.

Folículo: Glándula en forma de saco situada en la piel o mucosa.

Frenillo: Repliegue de piel situado en la parte inferior del pene que une el glande con el prepucio.

Frigidez: Ausencia de excitación sexual en la mujer. Se confunde a veces con la incapacidad de alcanzar el orgasmo durante el coito o anorgasmia.

Frotteurismo: Parafilia que se manifiesta por el deseo incontrolable de rozarse o apretar los genitales contra una persona desconocida del sexo opuesto.

G

Gay: Hombre homosexual.

Genitales: Órganos reproductores femeninos y masculinos.

Glande: Cabeza del pene, con forma redondeada, recubierta por el prepucio.

Glándulas de Cowper: Órganos situados debajo de la próstata que expelen una sustancia lubricante.

Glándulas sexuales: Ovarios y testículos.

Gónadas: Glándulas sexuales femeninas y masculinas, es decir, ovarios y testículos.

Gonadotropina: Sustancia que activa el funcionamiento de las gónadas.

H

Hepatitis: Inflamación del hígado.

Heterosexual: Hombre o mujer que siente atracción sexual por personas del sexo opuesto exclusivamente.

Himen: Membrana delgada que cubre parcialmente la entrada de la vagina en la mayoría de las mujeres aunque algunas pueden nacer sin él.

Hipnótico: Sustancia que produce sueño.

Hipófisis: Glándula secretora de hormonas que se requieren para el desarrollo sexual.

Hipotálamo: Región del diencéfalo que controla la producción de ciertas hormonas y estimula la función de las que regulan la respuesta sexual.

Homofobia: Fuerte aversión a los homosexuales.

Homosexual: Hombre o mujer que siente atracción sexual por personas del mismo sexo exclusivamente.

Hormona: Sustancia química producida por glándulas endocrinas y transportada hacia los tejidos donde actúa a través de la sangre.

Hormona folículo estimulante (FSH): Sustancia producida en la hipófisis que prepara el ovario para la ovulación y a los testículos para que produzcan espermatozoides.

Hormona liberadora de la gonadotropina (GnRH): Sustancia química elaborada por el hipotálamo que regula la producción del HL y FSH en la hipófisis.

Hormona luteinizante (HL): Sustancia segregada por la hipófisis, gracias a la cual se inicia el proceso de ovulación así como la elaboración de testosterona en las células de Leydig o intersticiales.

Hormonas sexuales: Hormonas secretadas por las glándulas sexuales, siendo las principales andrógenos, estrógenos y progesterona.

I

Identidad de género: Sentimiento de pertenecer a un sexo u otro.

Impotencia: Disfunción sexual masculina que impide tener o mantener una erección lo bastante firme para realizar el coito o eyacular.

Incesto: Relación sexual entre personas consanguíneas, como padres e hijos, hermanos, abuelos y nietos.

Inconsciente: Impulsos reprimidos que no afloran a la conciencia.

IVE: Interrupción voluntaria del embarazo.

L

Labios mayores (externos): Cada uno de los pliegues cutáneos que están situados a cada lado de los labios internos, el clítoris, la uretra y la vagina.

Labios menores (internos): Cada uno de los pliegues cutáneos que rodean la uretra y la vagina.

Lesbiana: Mujer homosexual.

Leucorrea: Flujo blanquecino vaginal.

Ligadura de trompas: Método de esterilización que consiste en la oclusión de las trompas de Falopio.

M

Masturbación: Estimulación sexual del propio cuerpo y de los órganos genitales principalmente.

Matriz: Útero.

Meato urinario: Orificio por el que se expele la orina.

Menarquia (menarca): Inicio de la menstruación en la adolescente o primera regla.

Menopausia: Período de la vida sexual reproductiva de la mujer en que cesa la menstruación de forma progresiva.

Menstruación: Emisión de flujo sanguíneo mensual, procedente del endometrio, que acontece cuando el óvulo no ha sido fecundado.

Meseta: Fase de la respuesta sexual que precede al orgasmo.

Métodos anticonceptivos de barrera: Aquellos que impiden el paso de los espermatozoides a la vagina: preservativos, diafragmas, capuchón cervical, etc.

Métodos anticonceptivos hormonales: Aquellos que liberan sustancias hormonales que evitan la ovulación: píldora, parches, inyectables, implantes, etc.

Métodos anticonceptivos naturales: Distintas formas de control de la natalidad sin la utilización de artilugios o medicamentos: Billings, Ogino, *coitus interruptus*, etc.

Mielina: Capa de proteína que recubre las fibras del sistema nervioso.

Mito: Idea, persona o cosa a la que se le atribuyen propiedades que no tiene.

Monogamia: Estado del hombre o mujer casado con una sola persona.

Monte púbico: Saliente de tejido adiposo recubierto de vello que constituye la zona más visible de la vulva. También conocido como monte de Venus.

Multípara: Mujer que ha tenido más de un parto.

Mutilación genital: Extirpación total o parcial de los genitales femeninos.

N

Necrofilia: Parafilia que se caracteriza por la necesidad del individuo de realizar actos sexuales con cadáveres.

Nulípara: Mujer que nunca ha tenido un parto.

O

Onírico: Relacionado con los sueños.

Orgasmo: Penúltima y más placentera fase del ciclo de respuesta sexual, de menor duración que las anteriores.

Orientación sexual: Preferencia sexual por uno u otro sexo. Homosexualidad, si se trata del mismo sexo; heterosexualidad cuando la preferencia es por el sexo contrario; y bisexualidad en el caso de preferir ambos indistintamente.

Ovarios: Glándulas sexuales situadas a cada lado del útero que producen óvulos y segregan estrógenos y progesterona.

Ovulación: Desprendimiento mensual del óvulo maduro del folículo de Graff por uno de los ovarios.

Óvulo: Huevo o elemento reproductor femenino.

P

Parafilia: Trastorno sexual que lleva a una persona a buscar la excitación sexual mediante ciertas situaciones anómalas (objetos, niños, animales, exhibición, frotamientos, etc.) siéndole imposible satisfacerse sexualmente de otra forma.

Pedofilia: Parafilia que se caracteriza porque el individuo se excita exclusivamente con niños.

Pene: Órgano masculino eréctil para la copulación y la fecundación natural.

Periné: Área situada entre la vagina y el ano en la mujer, y entre el escroto y el ano en el hombre.

Petting: Término inglés con el que se designa todo tipo de caricias sexuales excluyendo el coito.

Pezón: Saliente eréctil situado en el extremo de la mama que constituye una de las zonas erógenas más importantes.

Poliandria: Estado de la mujer casada con varios hombres.

Poligamia: Estado del hombre casado con varias mujeres.

Polución nocturna: Eyaculación y orgasmos inconscientes e involuntarios durante el sueño.

Pornografía: Material escrito, auditivo o visual que describe explícitamente escenas eróticas y cuyo objetivo principal es producir excitación sexual.

Premenarquia: Período anterior a la menarquia o primera menstruación.

Prepucio: Pliegue de piel retráctil que cubre el extremo o glande del pene.

Preservativo: Condón.

Progesterona: Hormona producida por ambos sexos, pero principalmente en la mujer en quien actúa sobre la mucosa del útero.

Próstata: Glándula masculina que rodea el cuello de la vejiga y un área de la uretra. Produce la mayor parte del fluido seminal y se encarga de bloquear la salida de la vejiga para contener la orina mientras el pene está erecto.

Prostitución: Intercambiar servicios sexuales por dinero u otros bienes materiales.

Pubertad: Comienzo de la adolescencia que se caracteriza por la eyaculación en el varón y la menstruación en la mujer.

Pubis: Parte inferior del vientre que se cubre de vello en la pubertad.

Punto G (punto de Gräfenberg): Área que se encuentra situada en la pared frontal de la vagina de gran sensibilidad erótica.

R

Regla: Nombre común para designar la menstruación.

Resolución: Última fase de la respuesta sexual.

Respuesta sexual: Conjunto de los cambios orgánicos que se producen durante la relación sexual. Se suele dividir en cuatro fases: excitación, meseta, orgasmo y resolución.

Rol de género: Papel o conducta social que cada persona mantiene frente a los demás dependiendo de su sexo.

S

Sadismo: Parafilia que implica alcanzar la excitación sexual infligiendo dolor a otra persona.

Sadomasoquismo: Parafilia que implica alcanzar la excitación sexual recibiendo y causando dolor a otra persona.

Saliromanía: Parafilia que implica destruir o manchar representaciones del cuerpo femenino para excitarse sexualmente.

Semen: Espermatozoides y líquido seminal que se eyacula durante el orgasmo a través del pene.

Senos: Pechos o mamas de la mujer.

Sensualidad: Placer a través de los sentidos.

Seropositivo: Persona portadora del VIH (Virus de Inmunodeficiencia Humana).

Sexo anal: Estimulación o penetración del ano mediante la lengua.

Sexo oral: Estimulación de los genitales mediante la boca o lengua.

Sexualidad: Características anatómicas, fisiológicas y psíquicas de cada sexo.

SIDA (síndrome de inmunodeficiencia adquirida): Enfermedad infecciosa que produce la pérdida de la capacidad inmunológica debida al Virus de la Inmunodeficiencia Humana (VIH).

Sigmund Freud (1856-1939): Médico vienés, fundador del psicoanálisis, que abordó por primera vez el estudio de la sexualidad de forma más científica y menos restrictiva.

Síndrome de abstinencia: Conjunto de síntomas y signos clínicos que experimenta la persona drogodependiente cuando cesa bruscamente el uso prolongado y en grandes cantidades de la sustancia a la que es adicta.

Síndrome del Shock Tóxico (SST): Enfermedad infecciosa relacionada con el uso de ciertos tampones muy absorbentes.

Síndrome premenstrual (SPM): Conjunto de molestias que tienen lugar unos días antes de la menstruación.

Sueños húmedos: Ver polución nocturna.

T

Tabú: Prohibición.

Tampón: Celulosa desechable en forma de tubo que se inserta en la vagina para que absorba el flujo menstrual.

Testículos: Glándulas sexuales masculinas situadas dentro del escroto que producen espermatozoides y hormonas sexuales.

Testosterona: Hormona sexual fundamentalmente masculina, aunque la producen ambos sexos, responsable de la conducta sexual.

Tolerancia: En relación con las drogas, estado en el que la persona adicta necesita una mayor cantidad de la sustancia de que se trate para obtener los mismos efectos.

Transexual: Persona que siente pertenecer al sexo contrario al que corresponde anatómicamente.

Travesti: Persona que se viste con ropa del sexo contrario, generalmente hombre.

Troilismo: Conducta sexual que consiste en observar a la pareja manteniendo relaciones sexuales con otra persona. Se considera parafilia si es la única forma que el individuo tiene de alcanzar el orgasmo.

Trompas de Falopio: Conductos largos (unos diez centímetros) y membranosos que conectan los ovarios con el útero.

U

Uretra: Conducto que transporta la orina desde la vejiga hasta el meato uretral.

Urofilia: Parafilia en la que el individuo se excita sexualmente con la orina ya sea bebiéndola, siendo orinado o viendo orinar.

Útero: Órgano muscular hueco e interno donde se instala el óvulo fecundado y se desarrolla el embrión y el feto. Se le denomina también matriz.

V

Vagina: Conducto corto membranoso, con capacidad de contracción y expansión, situado entre la vulva y el cuello del útero.

Vaginismo: Contracciones involuntarias de los músculos que rodean a la vagina al intentarse la penetración, produciéndose dolor.

Vasectomía: Método de esterilización en el varón que consiste en el corte u oclusión de los conductos deferentes.

Vello púbico: Pelo que crece alrededor de la zona genital.

Venéreas: Nombre con el que se designa también las enfermedades de transmisión sexual.

Vesículas seminales: Pequeñas bolsas situadas detrás de la vejiga que contienen líquido seminal indispensable para mantener vivos a los espermatozoides.

VIH: Virus de la Inmunodeficiencia Humana.

Violación: Abuso sexual sin consentimiento de la persona.

Virginidad: Estado de la persona que no ha experimentado una relación sexual completa.

Voyeurismo: Parafilia que se caracteriza por la necesidad del individuo de observar desnudos o manteniendo relaciones sexuales a otras personas para alcanzar su propia excitación y satisfacción sexual.

Vulva: Órganos sexuales externos de la mujer formados por el monte púbico, los labios mayores y menores, el clítoris y la abertura vaginal.

Vulvovaginitis: Inflamación que afecta a la vulva y vagina.

Z

Zonas erógenas: Regiones del cuerpo especialmente sensibles a la estimulación sexual.

Zoofilia: Parafilia que se caracteriza porque el individuo prefiere realizar actos sexuales con animales en lugar de personas. Se le da también el nombre de bestialismo.

Bibliografía

ALICIA GALLOTI
Guía sexual para adolescentes. 2000, Barcelona, Editorial Juventud.

BELLOCH, B. SANDIN y F. RAMOS
Manual de Psicopatología. Volumen 1. 1995, Madrid, McGraw-Hill/Interamericana de España, S.A.

CARL G. JUNG
El hombre y sus símbolos. 1976, Barcelona, Luis Caralt, Editor, S.A.

CATHERINE DOLTO
DICO ADO. 2001, Gallimard Jeunesse.

DOMINIQUE PAQUET
La historia de la belleza. 1998, Barcelona, Ediciones B, S.A.

EDWARD WEYER, JR.
Pueblos primitivos de hoy. 1972, Barcelona, Editorial Seix Barral, S.A.

ELENA F. L. OCHOA
200 preguntas sobre sexo. 1991, Madrid, Ediciones Temas de Hoy. S.A. (H.T.).

ENCICLOPEDIA PARA LA FAMILIA
La medicina y la salud. 1973, Madrid, La Editorial Católica, S.A.

ERICH FROMM
El arte de amar. 1990, Barcelona, Ediciones Paidós Ibérica, S.A.

FRANCESCO ALBERONI
Enamoramiento y amor. 2000, Barcelona, Ediciones Gedisa, S.A.

J. C. MELERO y JESÚS A. PÉREZ DE ARRÓSPIDE
Drogas: + información, − riesgo. 2001, Ministerio del Interior.